世界名人非常之路

达·芬奇

文艺复兴最完美的代表

靳 霞 ◎ 编著

中国社会出版社
国家一级出版社·全国百佳图书出版单位

"世界名人非常之路"编委会

主　　任：刘明山
编　　委：周红英　王汉卿　高立来　李正蕊　刘亚伟　张雪娇
　　　　　方士娟　刘亚超　张鑫蕊　李　勇　唐　容　蒲永平
　　　　　冯化太　李　奎　李广阔　张兰芳　高永立　潘玉峰
　　　　　王晓蕾　李丽红　邢建华　何水明　田成章　李正平
　　　　　刘干才　熊　伟　余海文　张德荣　付思明　杨永金
　　　　　向平才　赵喜臣　张广伟　袁占才　许兴胜　许　杰
　　　　　谢登华　衡孝芬　李建学　贺欣欣　刘玉磊　王莲凤
　　　　　刘振宇　张自粉　苗晋平　卓德兴　徐文平　王翠玉
　　　　　刘春青　谭永军　马超群　马　成　赖春红　张世君
　　　　　周筱筱　苗　婕

写在前面的话

著名学者培根说:"用伟大人物的事迹激励我们每个人,远胜于一切教育。"

的确,崇拜伟人、模仿英雄是每个人的天性,人们天生就是伟人的追星族。我们每个人在追星的过程中,带着崇敬与激情沿着伟人的成长轨迹,陶冶心灵,胸中便会油然升腾起一股发自心底的潜力,一股奋起追求的冲动,去寻找人生的标杆。那种潜移默化的无形力量,会激励我们向往崇高的人生境界,获得人生的成功。

浩浩历史千百载,滚滚红尘万古名。在我们人类历史发展的进程中,涌现出了许多可歌可泣、光芒万丈的人间精英。他们用挥毫的笔、超人的智慧、卓越的才能书写着世界历史,描绘着美好的未来,不断创造着人类历史的崭新篇章,不断推动着人类文明的进步和发展,为我们留下了许多宝贵的精神财富和物质财富。

这些伟大的人物,是人间的英杰,是我们人类的骄傲和自豪。我们不能忘记他们在那历史巅峰发出的洪亮的声音,应该让他们永垂青史,英名长存,永远纪念他们的丰功伟绩,永远作为我们的楷模,以使我们未来的时代拥有更多的出类拔萃者,以便开创和编织更加绚丽多姿的人间美景。

我们在追寻伟人的成长历程中会发现,虽然每一位人物的成长背景各不相同,但他们在一生中所表现出的辛勤奋斗和顽强拼搏精神,则是殊途同归的。这正如爱默生所说:"伟大人物最明显的标志,就是他们拥有坚强的意志,不管环境怎样变化,他们的初衷与希望永远不会有丝毫的改变,他们永远会克服一切障碍,达到他们期望的目的。"同时,爱默生又说:"所有伟大人物都是从艰苦中脱颖而出的。"

伟大人物的成长也具有其平凡性,关键是他们在做好思想准备进行人生不懈追求的过程中,从日常司空见惯的普通小事上,迸发出了生命的火花,化渺小为伟大,化平凡为神奇,

写在前面的话

获得灵感和启发,从而获得伟大的精神力量,去争取伟大成功的。这恰恰是我们每个人都要学习的地方。

正如学者吉田兼好所说:"天下所有的伟大人物,起初都很幼稚而有严重的缺点,但他们遵守规则,重视规律,不自以为是,因此才成为一代名家,成为人们崇敬的偶像。"

为此,我们特别推出"世界名人非常之路"丛书,精选荟萃了古今中外各行各业具有代表性的名人,其中包括政治领袖、将帅英雄、思想大家、科学巨子、文坛泰斗、艺术巨匠、体坛健儿、企业精英、探险英雄、平凡伟人等,主要以他们的成长历程和人生发展为线索,尽量避免冗长的说教性叙述,而采用日常生活中富于启发性的小故事来传达他们成功的道理,尤其着重表现他们所处时代的生活特征和他们建功立业的艰难过程,以便使读者产生思想共鸣和受到启迪。

为了让读者很好地把握和学习这些名人,我们还增设了人物简介、经典故事、年谱和名言等相关内容,使本套丛书更具可读性、指向性和知识性。

为了更加形象地表现名人的发展历程,我们还根据人物的成长线索,适当配图,使之图文并茂,形式新颖,设计精美,非常适合读者阅读和收藏。

我们在编撰本套丛书时,为了体现内容的系统性和资料的翔实性,参考和借鉴了国内外的大量资料和许多版本,在此向所有辛勤付出的人们表示衷心谢意。但仍难免出现挂一漏万或错误疏忽,恳请读者批评指正,以利于我们修正。我们相信广大读者通过阅读这些世界名人的成长与成功故事,领略他们的人生追求与思想力量,一定会受到多方面的启迪和教益,进而更好地把握自我成长的关键,直至开创自己的成功人生!

达·芬奇

人物简介

❧ 名人简介 ❧

列奥纳多·达·芬奇（Leonardo Di Ser Piero Da Vinci, 1452~1519），意大利文艺复兴三杰之一。他是一位思想深邃、学识渊博、多才多艺的画家、寓言家、雕塑家、发明家、哲学家、音乐家、医学家、生物学家、地理学家、建筑工程师和军事工程师。

1452年4月15日，列奥纳多·达·芬奇在意大利佛罗伦萨附近的芬奇小镇降生。孩童时代的达·芬奇聪明伶俐，勤奋好学，喜欢歌唱和绘画，擅长演奏七弦琴和长笛，有"绘画神童"的美称。

14岁时，达·芬奇被父亲送往佛罗伦萨，师从著名的艺术家维洛基奥，开始系统地学习造型艺术。在这里，达·芬奇结识了一大批知名的艺术家、科学家和人文主义者，开始接受人文主义的熏陶。

20岁时，达·芬奇已有很高的艺术造诣，他用画笔和雕刻刀去表现大自然和现实生活的真、善、美，热情歌颂人生的幸福和大自然的美妙。

在其师《耶稣受洗》图中，达·芬奇虽然只画了一个天使，却立刻崭露头角，一时好评如潮。8年后，他开办了个人画室，创作的作品已经明显超越了老师和当时的同辈。

1482年，达·芬奇来到米兰，创作进入了高潮期，开创了属于他自己的米兰时代，《最后的晚餐》便是他在这一时期的最负盛名之作。

尽管如此，达·芬奇的才能到了晚年并没有受到重视和赏识。他的一生可谓颠沛流离，直到晚年才在法国定居下来。

达·芬奇

没过多久,这位艺术大师即与世长辞了,终年67岁。

❦ 成就与贡献 ❦

达·芬奇在绘画方面的杰出贡献是世人皆知的。他的艺术作品不仅能像镜子似的反映事物,而且还以思考指导创作,从自然界中观察和选择美的部分加以表现。

壁画《最后的晚餐》《安加利之战》和肖像画《蒙娜·丽莎》是他一生中的三大杰作。这三幅作品是达·芬奇为世界艺术宝库留下的珍品中的珍品,也是欧洲艺术的拱顶之石。

此外,达·芬奇还致力于科学研究,他在天文、物理、医学、建筑、军事、水利方面均有建树,表现出非凡的才能。

❦ 地位与影响 ❦

达·芬奇被后世认为是天才,他一方面热心于艺术创作和理论研究,另一方面对自然科学进行探索。他的艺术实践和科学探索精神对后代产生了重大而深远的影响。

在文艺复兴时期,达·芬奇、米开朗基罗和拉斐尔是成就最高的三位。他们的艺术成就达到了西方造型艺术继古希腊之后的第二次高峰,绘画方面则达到了欧洲的第一次高峰。其中尤以达·芬奇最为突出,恩格斯则称他是巨人中的巨人。

"上天有时将美丽、优雅、才能赋予一人之身,令他之所为无不超群绝伦,显出他的天才来自上苍而非人间之力。"文艺复兴时期的传记作家瓦萨里如是说。达·芬奇无疑是人类有史以来仅有的杰出人物之一。

目录

达·芬奇

故乡往事

不同寻常的身世	2
幸福的记忆	7
自由的乡间生活	10
天赋卓越的少年	14
命运的转折点	20

步入画坛

遇名师点石成金	26
受益于忘年之交	30
勤学苦读的日子	35
在佛罗伦萨扬名	41
画家生涯开始	46
向米兰大公自荐	52

米兰时代

到米兰寻求发展	60
为米兰宫廷服务	66
未完的青铜雕像	74
从事科学研究	78
《最后的晚餐》	84
风雨飘摇的米兰	91
短暂的漂泊岁月	98

达·芬奇

目录

重返故乡

回到佛罗伦萨……………………………………… 104
军事工程师生涯…………………………………… 110
与蒙娜·丽莎的友谊……………………………… 116
与米开朗基罗竞赛………………………………… 126
水利师和飞行师…………………………………… 134

暮年岁月

第二故乡的召唤…………………………………… 144
第二米兰时期……………………………………… 148
无奈作别米兰……………………………………… 151
投靠罗马教皇……………………………………… 154
悲伤的罗马之行…………………………………… 158

定居法国

法王的盛情邀请…………………………………… 164
晚年思念家乡……………………………………… 170
珍贵的哲学笔记…………………………………… 175
红衣主教来访……………………………………… 182
大师的临终遗嘱…………………………………… 186

附　录

经典故事…………………………………………… 192
年　谱……………………………………………… 195
名　言……………………………………………… 197

故乡往事

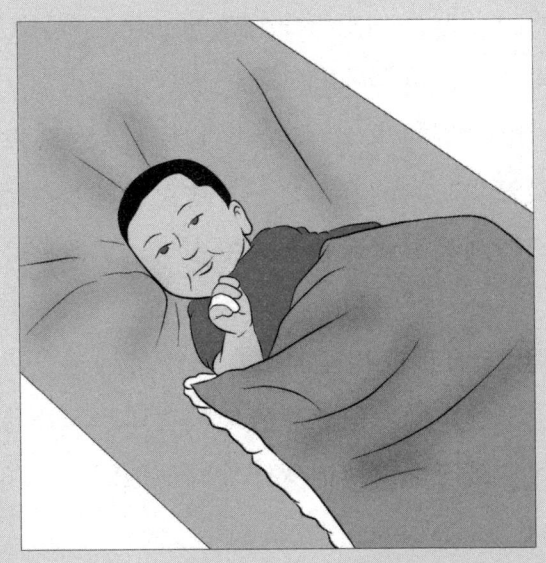

来自于生活中的场景，才是艺术创作的活力所在。

——达·芬奇

不同寻常的身世

在欧洲阿尔诺河谷的一块平川上,有一座美丽的城市被四周的丘陵环抱着,这就是著名的百花之城——佛罗伦萨。

佛罗伦萨可谓是意大利半岛上一颗闪闪发光的明珠,它的名字到如今已经流芳百世。这是一座历史悠久的文化名城,它既是意大利文艺复兴运动的发源地,也是欧洲文化的发祥地。

15世纪的佛罗伦萨主要以棉纺织业为主,经济发达,已然成为意大利半岛上最繁华时尚的都市之一。这里的建筑、雕塑和教堂里的宗教壁画、圣坛壁画吸引着无数文人墨客。这里既盛产商人也盛产艺术家。

1452年4月15日正值初夏时节,当夜幕降临以后,喧闹一天的城市渐渐恢复了平静,佛罗伦萨静静地躺在亚平宁山脉脚下,像一只熟睡的百合,阿尔诺河也识趣地从城外静静地流过,仿佛怕惊扰了劳累了一天的人们。

这天夜里,天空格外晴朗,清风习习,繁星点点,干了一天农活的人们有的已经鼾声如雷,进入了梦乡。没有人知道,在这样一个看似很平常的夜晚,在佛罗伦萨近郊的芬奇小镇上,还有一户农家烛光通明。

这里确切地说,叫安吉亚诺村庄,坐落在芬奇镇的郊区。

通向农舍的小径上有两个人由远至近急急地走来,走在前面的是一个仆人模样的年轻人,后面则跟着一个中年农妇,两个人的表情看上去都十分严肃,仿佛正要发生什么重要的事情。

这个年轻人是佛罗伦萨地区公证人皮得罗·达·芬奇的贴身男

佣,跟在他后面的是芬奇镇上的助产婆。不错,她正是要来这户农家接生的。

"来了,来了,助产婆来了!"仆人满头大汗地喊道。

"啊,总算来了!"

"快进去,卡泰里娜已经等不及了!"

说话的这个人也显得同样兴奋又紧张。这正是公证人皮得罗·达·芬奇。他是个身材伟岸、相貌堂堂、只有20多岁的年轻绅士。

皮得罗的父亲是当地的一个农场主,家庭富足,这使他从小就接受了很好的教育,有着一种英明决断的能力。

然而,就是这样一个聪明人也有犯错误的时候,刚才他口中的卡泰里娜并不是他业务范围内的客户,也不是他的什么亲戚姐妹,而是他即将未婚生子的情人。

这个即将生产的名叫卡泰里娜的女子,是个相当年轻标致的农村姑娘。

一年前,美丽淳朴的农家女与前途无量的公证人小伙相爱了。但是,他们的相爱是不被家长允许的,尽管如此,年轻倔强的姑娘仍然义无反顾地与心上人同居了。

此刻,他们即将迎来生命中第一个爱情结晶,也许是最后一个……

简陋的农舍里,助产婆正在努力帮着产妇生产。空气中,不时传来卡泰里娜痛苦的叫声。

皮得罗先生焦急地在屋外踱着脚。为了不让心情显露出来,他的面孔绷得很紧,好像一尊庄严的蜡像,以至于站在一旁的仆人也琢磨不出主人的心思。

然而,皮得罗此刻的心情却是极度兴奋不安的,他甚至有些不知所措,因为有一些重要的事情在他心中盘算着。

这次皮得罗从佛罗伦萨回来,父亲已经对他下了最后通牒,他必须接受一门门当户对的亲事,对方也是一个上流社会的家庭。他也曾再次试图说服父亲接受这对母子，却没有任何作用。

父亲的结论很有道理——"一个乡下姑娘如何能够成为一个合格的农场女主人？如何成为一个公证人体面的妻子？"父亲甚至以断绝关系来威胁他，无奈，皮得罗只好答应去相看这门亲事。

"哦，看来他们至死也不会承认卡泰里娜了，我该怎么对她说呢？我该如何安置她，给她好的照顾呢？"

就在这个准爸爸焦头烂额的思虑之际，一声婴儿清脆的啼声突然响起，划破了整个暗夜。

"生了，是一个男孩……"仆人兴高采烈地告知皮得罗。

皮得罗感到周身的血液一下子冲到了头顶，"天啊，我当爸爸了！"想到这儿，他大步迈进屋里。

屋子的一角，卡泰里娜苍白无力地躺在床上，但是她的眼睛由于兴奋显得格外明亮，她望着助产婆手中捧着的男婴，露出欣慰的笑容。

婴孩在产婆手中蹬着小脚，睁着无辜的大眼睛，他刚刚用啼哭向世界宣告自己的到来。

皮得罗从产婆手里接过孩子，愉快地望着他："哦，这个小家伙漂亮极了，大大的眼睛，和我小时候一模一样，谢谢你，卡泰里娜。"

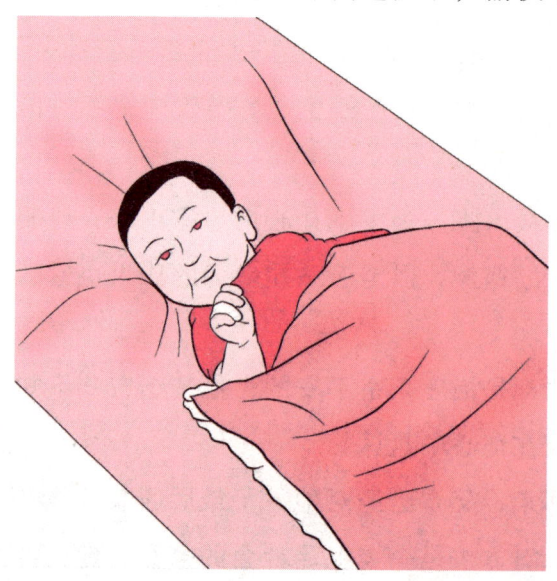

这个善良的姑娘一直怀着美好的希望，而且现在她的信心又大了许多，因为她已经为皮得罗生了一个可爱的男孩子。卡泰里娜想，皮得罗的母亲看在孩子的面上一定会接受

她的，于是，她用温柔的眼睛探寻自己的情人，想从中看出点眉目。

皮得罗连忙走上前，拥住了卡泰里娜和孩子，深情地说："亲爱的，你看我们给小家伙起个什么名字呢？"

卡泰里娜想了一下，没有想到合适的名字，就说："还是你来起吧，你是他爸爸呀！"

皮得罗端详了一会儿孩子的脸蛋，马上就有了想法，他说："嗯，有了，就叫他列奥纳多·达·芬奇吧！"

此刻，屋外树木的影子在月亮的照耀下倒映在窗户上，房间里洒满蜡烛温馨的光，这是多么美好的夜晚呀！现在，他怎么也不忍心告诉这个虚弱的姑娘，自己明天要去佛罗伦萨相亲的事。

皮得罗抱起孩子亲了又亲，他很喜欢这个孩子，聪明可爱、漂亮乖巧。看着时候确已不早了，他把孩子交给卡泰里娜，接着吻了孩子的母亲一下。

"亲爱的，我要走了。佛罗伦萨还有很多官司在等着我，过几天我再来看你，好好照顾我们的孩子。"

说完，他从钱包里拿出一些钱放在卡泰里娜手里："喏，这个给你，多买些补身体的东西，过几天我还会叫人送来些。"

然而，一天、两天、一个月过去了，皮得罗还没有来。

其实，此刻皮得罗正在父亲的张罗下，迎娶佛罗伦萨另一个公证人的女儿阿尔别拉呢！不久，皮得罗在佛罗伦萨结婚的消息传了回来，卡泰里娜听到这个消息后，险些昏厥过去。

她惊呼："这不可能！这绝不可能！"她的第一个想法就是要到皮得罗家里问个明白。

好心的人们急忙制止住这个可怜的姑娘，安慰她："孩子！冷静点！不要冲动！现在事情已成定局了，你不接受又能如何呢？"

人们又说："不要责怪任何人，要怪只能怪你的命啊！"

卡泰里娜失声痛哭起来，小达·芬奇似乎被母亲的样子吓住了，也号啕大哭起来。孩子的哭声唤回卡泰里娜的神志，她急忙抱起襁褓中的婴儿轻轻拍着。看着幼小的孩子，卡泰里娜决定要坚强起来。

3天后，皮得罗来了。卡泰里娜躺在床上，没有说话，也没有哭泣，小达·芬奇在床上睡得正甜。

"卡泰里娜，父亲把一切都安排好了，我也是没办法啊……"皮得罗见卡泰里娜不说话，叹了口气，继续说，"亲爱的，虽然我娶了别的女人，但是我会补偿你和孩子的。"

卡泰里娜还是没有说话，但一行泪水已经从她的脸上滑落下来。

看见她这个样子，皮得罗心里也感到特别难受，他说："不要这样，请不要难过。你还很年轻，还可以有新的生活。人生很漫长，会有一个比我更优秀、更善良、更坚定的男人代替我来爱你的。"

"够了，不要再说了，"卡泰里娜泣不成声地说，"孩子怎么办？我一个未婚姑娘怎么抚养他？"

皮得罗说："我把孩子带走吧，你应该有你新的生活。"

"不，绝不……"卡泰里娜绝望地叫了起来，下意识地抱紧身边的孩子。襁褓中的达·芬奇被吵醒了，也尖锐地哭起来。

"哦，不哭，达·芬奇，妈妈的小宝贝，不要哭……"卡泰里娜一边流着眼泪，一边把惊醒的孩子抱在怀里安抚着。

皮得罗沉默了，虽然他并不为自己的选择后悔，他很清楚像他这样的人必须要有桩有利益的婚姻。但是，要拆散可怜的卡泰里娜母子，此刻，他确实做不到。

经过反复的劝导和衡量，卡泰里娜和皮得罗终于妥协了，达·芬奇被暂时交给母亲抚养，等到他该念书的时候就要回到父亲家中。

人们都在想，会有怎样的未来等待这个襁褓中的孩子呢？

幸福的记忆

在农活忙的季节,人们会看到一个背着孩子劳作的年轻女人,这就是卡泰里娜。年幼的达·芬奇和妈妈一起生活着,在乡村的田野和农舍里度过了最初的5年。

当妈妈和外婆一起忙农活时,达·芬奇就被妈妈背在身上,他并不像别的孩子那样不老实,每当这个时候,他总是静静地趴在妈妈身上看蓝的天空,绿的草地,嘴里还哼唧哼唧地不知说着什么。

春天的田野绿油油的,如一张绿毯,到处散发着青草的芳香;夏天的田野开满密密麻麻淡蓝色的花,这是一种叫作亚麻的作物,它可以织出最美丽的布匹;到了秋天,田野里又变成金黄的一片,葡萄架下满是采摘的妇女和小孩;冬天里的田野又光秃秃的枯黄一片。

寒来暑往,春去秋来,达·芬奇孤独而平静地成长着。妈妈和外婆都很疼爱他,爸爸虽然很少来看望他,但是会经常托人带一些财物过来。

当达·芬奇再大一些的时候,人们就看到他有的时候被单独留在房里。他可以在房间里随意玩耍。有时,陪伴他的是一只慵懒的小猫;有时,是一只憨厚忠诚的看门狗。他可以很好地与这些小动物们相处。

更多时候,人们看到他瘦小的身影在妈妈的地头上出现,他总是坐在那里到处张望,一动不动就可以坐上半天。

还有的时候,他会表现得很顽皮,一会儿跑到东,一会儿跑到西,时而追逐一只蝴蝶,时而追逐几只小鸟。不错的,小达·芬奇很喜欢自然界里的飞禽和昆虫。他喜欢把它们抓来"研究"个明白。

达·芬奇酷爱大自然的本性几乎是与生俱来的，清晨的阳光，草地上的露珠，田野里的麦浪，山坡上的树木，还有五彩缤纷的野花……他对这一切都感兴趣。大自然的一切景象，都让他感到好奇和痴迷。

"为什么那些小东西可以快乐地飞来飞去，而我不能呢？"

"天怎么是蓝色的，草怎么是绿色的呢？"

在乡下农舍生活的5年时间里，达·芬奇渐渐地学会了思考，并且养成了观察事物的好习惯。

以后的60多年，他的头脑总是像陀螺似的转个不停，编织着各种奇思妙想，这种善于思考的好习惯一直伴随着他。

可是，达·芬奇提出的种种问题，他的妈妈，这位年纪实在太轻的农村姑娘卡泰里娜却没有兴趣回答，也答不上来。

的确，她太累了，地里总是有着干不完的农活，晚上，忙碌一天后，还要给孩子洗澡、做饭、哄他睡觉，还要时不时换洗和缝补衣裳，然后去参加各种村民举行的聚会。

当时，在安吉亚诺村庄上，每到一天劳作结束的晚上，人们就会组织到村庄的空地上一起唱歌跳舞，年轻的姑娘和小伙子们是这个时候的主角。他们唱着欢快的歌曲，喝着自酿的甘甜的葡萄酒（这是当地特产的一种酒），物色自己心仪的伴侣。

这样的活动，卡泰里娜也不愿缺席。有时候，外婆也会好心地带着年幼的孩子站在人群中欢乐。达·芬奇十分喜欢这些美妙、动听的乡间音乐，他总是情不自禁地跟着大人哼唱，拍着小手蹬着小脚。也许，正是这晚间的乡村音乐会，培养了达·芬奇的音乐才能。

达·芬奇开始学会唱歌的时候，卡泰里娜也获得了新的爱情，对方是一个外乡人，身强力壮，幽默风趣，他的出现治愈了卡泰里娜心灵上的创伤。他们很快便恋爱了。因此，卡泰里娜作了一个重要的决定，把达·芬奇交还他的父亲来抚养。

于是，卡泰里娜托人给皮得罗递去信函，约他见面。5年来，这是他们第一次单独相处。卡泰里娜向皮得罗说明了自己的处境。

皮得罗耷拉下脑袋，同意把达·芬奇接回家里，毕竟这是他作为父亲和情人能做到的最好的补偿了，看到卡泰里娜能够获得幸福，对他来说是一种欣慰。

"祝你幸福，卡泰里娜！"他说，"达·芬奇也是我的孩子，让我来安排，选个日子把他接到家里。"

皮得罗回到家里，把事情的始末原原本本地与妻子和母亲说了一遍，这个时候，他的那位固执地主宰了儿子人生的父亲已经去世了。善良的妻子阿尔别拉和母亲都同意达·芬奇回到家里来，他该有一个完整的家庭和幸福的童年啊！于是，到了达·芬奇离开妈妈的日子，皮得罗如约把孩子抱回了家。

不久后，卡泰里娜这个可怜的姑娘也跟随自己的爱人离开了村子，从此，再也没有人知道她去了哪里。

自由的乡间生活

阿尔别拉知道丈夫在外面有个孩子,她嫁过来时皮得罗就告诉过她。她是一个很善良的女子,默默地承认了这件事。多年来,阿尔别拉一直为自己没有怀孕而内疚,现在看见眼前这个扑闪着大眼睛、谨慎又胆怯的小不点,顿时,无限的母爱涌现了出来。

她慢慢弯下腰,温柔地抚摸着达·芬奇的脑瓜,微笑着说:"列奥纳多,亲爱的,不用怕,以后这里就是你的家了。"

皮得罗的母亲虽然也一直不赞成儿子娶一个农家女子,不过对于自己的这个小孙子,她可是期待很久了。

她坐在沙发上,向达·芬奇招手:"快来,孩子,让奶奶抱抱,看看奶奶有什么好东西给你?"

5岁的列奥纳多对眼前发生的一切感到困惑,他听话地依偎在奶奶身旁,用蓝色的大眼睛打量着这所宽敞的大房子,里面有很多新奇的东西。

虽然妈妈前一天已经告诉他所有的事情,告诉他眼前的这个男人是他最亲的人,他的爸爸,但是他幼小的心灵实在还是不明白为什么自己要来这里。他还意识不到自己已经和妈妈分开的事实。他感到这里既亲切又新鲜。

奶奶揽着孙子,对身边的媳妇说:"阿尔别拉,辛苦你了,他以后就是你的孩子,希望你好好照顾他。"

"我会的,妈妈,我会尽全力照顾他的。"

后来的日子里,达·芬奇的继母阿尔别拉确实用实际行动兑现了她的诺言。

开始的时候,达·芬奇因为失去了妈妈常常哭泣,他不知道发生了什么事情。每到这个时候,年轻的继母和年迈的奶奶就会变着花样哄他开心,给他好吃的点心。

慢慢地,达·芬奇不再每天吵着要妈妈了。但是,由于刚刚失去亲生母亲的爱抚,又面对一个仪表严肃的父亲,经过短暂的适应期后,他的心理天平很快倾向了新妈妈阿尔别拉这边,并对她产生了巨大的依赖感。

这个头发黝黑、中间分缝的年轻女人,她那神秘的,总是好像若有所思的甜蜜微笑,给了达·芬奇许多安慰,使他的心里充满了温暖之情。

这个妈妈关心他,爱护他,把他视如己出,让年幼的达·芬奇很快融入了这个新家庭,并且随着年龄的增长渐渐模糊了对生母的记忆,在他的心中阿尔别拉就是自己的妈妈。

每到夏日的黄昏,阿尔别拉便带着达·芬奇去乡间小路上散步。他是一个极漂亮的孩子,自然弯曲的头发,宝石一样的蓝眼睛,鲜红的小嘴,粉嘟嘟的面颊,活像一个小天使。

这个小天使常常睁大眼睛,仔细观察自然界里的一切花草树木和昆虫鸟兽,他的脑子里总是充满着对世界的疑问。

"妈妈,这叫什么名字?"达·芬奇站在一些嫩黄色的娇艳花朵前,大声问着继母。

"它的名字叫矢车菊。"阿尔别拉亲切地回答。

"哦,它为什么叫这名字呢?这些花是从哪儿来的呀?我可以把它们种在我的房间里吗……"达·芬奇叽叽喳喳不停地发问。

阿尔别拉总是一一作答。

她望着小路上跑跑跳跳的小男孩,心里奇怪地想,这孩子的小脑袋瓜里怎么能装下这么多问题呢?对什么事情都感兴趣,什么都想知道,这是个好习惯啊,应该好好教他读书识字。

达·芬奇也是个懂礼貌、人见人爱的孩子。邻居的大孩子们都喜欢带他出去玩,开始的时候,阿尔别拉总是放心不下,常常跟在后面远远望着这群孩子。

后来,阿尔别拉见孩子们在她这个大人面前会感到很拘束,而他们也确实很小心地照顾达·芬奇,也就放心让达·芬奇单独外出了。

于是,每次小达·芬奇外出去玩的时候,阿尔别拉就会守候在门前,等待着这可爱的孩子玩耍回来。达·芬奇每次回来后,都会将路上采摘的鲜花撒在妈妈的头上、身上。

阿尔别拉总是紧紧抱住这个可爱的孩子,热烈地亲吻他的脸颊,然后把他带进屋里,将早就准备好的饭菜端出来。达·芬奇确实感到饿了,便狼吞虎咽地吃起来。这时,阿尔别拉就在一旁微笑地看着他,温柔地抚摸着他的脑袋。

在阿尔别拉无微不至的关怀下,达·芬奇慢慢长大了。他和阿尔别拉不再撒娇,也知道妈妈身体不好,不能惹妈妈生气。阿尔别拉与达·芬奇还建立起一种深深的友情,这使得达·芬奇从不向她隐瞒自己的小秘密。他爱这个妈妈。

不过,在这个家里还有一个人最疼爱达·芬奇,她就是达·芬奇的奶奶。孙子是奶奶的掌上明珠,她对孩子寄托着很大的希望。

达·芬奇也很喜爱奶奶。奶奶年纪大了,感到很孤独,她常常静静坐在家门口凝视着远方。每当这时,孙子就会不知从什么地方冒了出来,从身后搂住她的脖子,亲热地拥抱着奶奶。

这时,奶奶就好像一下子变年轻了,脸上的皱纹也舒展开来,严厉的大眼睛也变得温柔、亲切了。

奶奶会讲一些稀奇古怪的故事给达·芬奇听。故事里有猎人,各种动物,还有公主、王子、吓人的妖怪;到最后善良人总会打败坏人,王子总会救出公主。

达·芬奇觉得奶奶是最了不起的人,他总会缠着奶奶,要求再讲一个,于是奶奶就会经常绘声绘色地再讲一个故事。

达·芬奇最喜欢听的有孤岛皇帝女儿的故事,多少年后,直至他长大成人了,仍然记得这个故事。

那故事听起来有趣极了,他记得:皇帝的女儿被妖怪偷去带到了一个小岛上。皇帝说,谁能救回他的女儿,他就将女儿许给他。人们都去救公主,可谁也救不回来。

有3个很有本事的兄弟知道了这件事,就造了船来到孤岛。妖怪在太阳底下睡觉,他的头枕在美丽的公主的腿上。

聪明的老大,在妖怪头下放了一块石头,抽出公主的腿。妖怪接着睡觉,而公主被他们救走了。

妖怪醒来后,不见了公主,变作乌云追赶过来。

老二拿起箭,穿透乌云,射死妖怪,但公主被妖怪弄昏了过去。

于是,老三又连忙用草药把公主救醒,然后三兄弟就争着要娶公主……

达·芬奇常常听着奶奶的故事进入了梦乡。

天赋卓越的少年

芬奇镇依山傍水,自然环境十分优美。阿尔诺河宛如一条蓝色的飘带绕其而过。河水倒映着蓝天、白云,还有古堡耸立,巨石嶙峋。山间有数不清的葡萄、橄榄和柏树,河岸上有成片的树木和草地。

这一切都成了达·芬奇的天然乐园。他常常在黎明刚起来的时候就出没在花草树木中,或欣赏色彩缤纷、姿态万千的花草;或观察鸟雀鱼虫的行踪,琢磨其生活习性。

他有时会趴到地上,看着蚂蚁排着队在草地上爬行,他会一直注视着它们,想:它们要到哪里去?谁是它们的长官?

在夏天的夜里,他还会到田野里看飞来飞去的、亮晶晶的萤火虫,琢磨它们为什么会发光呢。他追赶着,好不容易抓到一只,仔细研究起来,会发现原来这个小生物的尾巴上有一个小灯笼啊!

达·芬奇观察着他感兴趣的一切,好奇而又小心地研究着它们。长期的观察,使得他看事物往往更深刻,能够看到和发现人们往往疏忽的东西。

这个孩子在想弄清楚一件事物的时候,总是耐心十足,这种专注力是一般孩子没有的,让长辈们都啧啧称奇。

更让大人们惊讶的是达·芬奇的创作力,他从小就善于描绘各种动植物,他常常在地上画上小鸟、蜻蜓、小狗……有时,他还用木炭在木板上画。

5岁时,达·芬奇能在地上画出女人的面部,他说那是妈妈卡泰里娜。再大一点的时候,他跟大一些的孩子学会了捏泥巴,而他做的东西总是孩子们中做得最好的一个。

一个秋天的早上，公证人皮得罗先生起得很早，他来到花园修剪花木。在他修剪葡萄藤时意外地发现了一只小鸟，它伫立在石台上一动不动。当皮得罗走近时，才看清这原来是一只泥捏的小鸟。那小鸟很逼真，也很传神，难怪自己竟然误以为是真的呢！

吃饭时，父亲拿出这只小鸟，向达·芬奇问道："这是哪来的？"

看着父亲严肃的样子，达·芬奇有点害怕，他低声说："是我捏的。"

闻声，母亲和奶奶也过来看这只泥塑的小鸟，心中暗暗称赞这个孩子真是心灵手巧。

长辈们互相对望了一下，父亲欣赏地说："你捏得很好，很传神，能捏得这么好，可真是不容易啊，爸爸为你感到骄傲！"

"能告诉爸爸，你为什么能捏得这么好吗？"

见爸爸竟然表扬自己，达·芬奇顿时来了精神："我见过很多只鸟，也有的被捉回家里养，我喜欢捏小鸟。"

父亲哈哈大笑："好啊，你喜欢捏就去捏吧，长大你可以成为一个雕塑家了。"

除了大自然外，达·芬奇还特别喜欢去小镇上一座古老的教堂里。在那里，他可以看见画匠们在教堂墙壁上做各种绘画的样子。他喜欢那些五颜六色的颜料。

有一次，他看到一个画匠用颜料在画上上色，他站在那儿看了好久。末了，他鼓足勇气悄悄地爬到画师旁边，拿起剩下的彩色颜料带回了家。他开心极了，画了好多五颜六色的画。

一天，他看见一只又大又好看的蝴蝶飞进了父亲的工作室，急忙跟了进去。为了不吵到正在工作的父亲，他轻手轻脚地躲在角落里。

那只蝴蝶飞到窗口，在窗玻璃上碰撞着、挣扎着，就是飞不出去。那是一只极美的蝴蝶，宽宽的翅膀上布满颜色各异的美丽斑点，色彩缤纷。

达·芬奇认真看了一会儿，突然有种要画下它的冲动，于是他飞奔出家门，跑到教堂里拿起画师的彩色颜料，在教堂的墙壁上画了起来。一会儿，那只大蝴蝶便活灵活现地出现在墙壁上了。画师们纷纷走了过来，看着这个幼童的佳作，连连称赞。这个绘画天才，几乎是无师自通啊！

达·芬奇平时很少说话，却很爱好唱歌，人们发现他有一个美妙的歌喉。有的时候，人们邀请达·芬奇为大家歌唱。

当穿着玫瑰色外衣的孩子出现在人们面前，神情庄重圣洁，以他对歌曲的理解，配以清亮沉郁的歌喉演唱或欢快或婉转的乡村音乐时，众人被深深地感动了。

达·芬奇的嗓音具有一种说不出的打动人心的磁力，一种穿透力。如果这时再有一把音质上乘的乐器，由达·芬奇来边弹边唱，那简直是一种醉人的享受。

"太美妙了！"

"太动听了！"

"真不简单啊，小小年纪就能唱得这么好！"

"小天才！"

"神童啊！"

听众们毫不吝啬地赞扬着这个天赋极佳的孩子，这些赞美令皮得罗夫妇感到特别光彩。

由于达·芬奇的懂事、漂亮和多才多艺，在一些特别的节日里，村民们常常推举他为节日的主角，并把他比作库比冬或阿木尔。他常被抱上大车，头上戴着玫瑰花环，手上拿着纸箭，姑娘小伙子们载歌载舞围在车旁，他就在车上向他们射箭。据说，被纸箭射中的人就会结得好姻缘。

到了9岁，达·芬奇进入拉丁语学校学习了。这是一个教会学校，神父是他们的老师。在学校里，这些孩子要学习算术、几何、天文、音乐、拉丁语。

在学校里，达·芬奇是个勤奋好学的学生，他特别喜欢算术、音乐和绘画，他还学了弹竖琴和唱歌。他还喜欢问各种问题，有的问题连老师也答不出来。于是，老师们心中就都认定这是一个神童。

当时，老师们惩罚学生开小差使用的是一种专门用来打手的戒尺。一个年长的修士手拿戒尺，一看到学生犯错，戒尺就会毫不留情地打在他们手上。

学校里的老师也不允许学生用左手写字，而达·芬奇却是个顽固的左撇子。为了这，学拉丁语时让他吃了不少苦头，老师手中那根用来教训的戒尺不免要落在这个勤学好问的学生手上。

老师们原以为这样就可以让这个孩子改掉左手写字的习惯，但是结局却让他们更失望了。渐渐地，老师被达·芬奇征服了，每到书写拉丁语的时候，他们便走开，装作没有看见达·芬奇用左手写字的样子。

达·芬奇到了14岁，他在学校里已经学会了很多东西，尤其是他喜欢的科目。他觉得复杂多变的几何图形有一种立体的美，数学中的逻辑也是他常思考的对象。他的竖琴弹得美妙极了，音色优美，旋律流畅，连一贯严谨苛求的皮得罗都对儿子赞赏有加。

这个时候的达·芬奇表现出极其旺盛的求知欲，他从不满足于在学校学到的东西。他喜欢刻苦钻研和独立思考，在学习中涉猎很广，对任何事物都有强烈的探求心理，这为他日后成为一个全能型大师奠定了坚实的基础。

达·芬奇首先迷上了做实验和画画。每当放学回家，达·芬奇就直奔地下室。在地下室里有着许多瓶瓶罐罐，大盒小盒里面装的全是昆虫。

这是一个昆虫的世界，有着各种各样奇奇怪怪的虫子。他每天都观察它们，有时还进行一番研究。比如，看它们的脚在哪儿；头怎么动；翅膀是什么形状的；还有，它们的眼睛跟人的不一样，是怎么看东西的。

有新的想法，他就会动手去尝试，尝试不了，他就记下来，他把观察到的和想象的一切画在纸上，飞鸟鱼虫在他笔下似乎都有了生命。

阿尔别拉妈妈担心小孩子太贪玩会耽误学业，常常劝导达·芬奇："放学要先做功课才可以玩哦，达·芬奇！"

"妈妈，我听你的话，功课已经做完了。"达·芬奇充满自信地回答。说完，就牵住妈妈的手，带她去看自己的收藏品。

"妈妈，你看，这个里面装的是蝴蝶，这个里面装的是蜈蚣，这个里面是蜻蜓……这都是我养的。"他的话语里充满了胜利者的骄傲。

阿尔别拉惊讶地看着这些虫子，眉头紧紧地皱着，用教训的口吻说："达·芬奇，你弄这些虫子来做什么？要知道，它们也是有生命，有兄弟姐妹的呀！"

达·芬奇连忙解释："妈妈，我只是拿它们用来作研究，你看这是我画的这些昆虫的画像。等我研究完，我还会把它们放回大自然的。"

阿尔别拉接过达·芬奇递来的画纸，那上面画满了各色各样的小昆虫，活灵活现，的确有趣极了。

她亲昵地抚摸着儿子的小脑瓜，满眼含笑说："我们的达·芬奇先生要成为昆虫专家啦！"又不忘叮嘱道，"记得一定要在吃饭前洗手哦，宝贝儿。"

一次，达·芬奇放学回家，看到邻居一户人家正在宰杀牲畜。仿佛有所察觉的猪羊发出可怜的、凄楚的叫声。

达·芬奇幼小的心灵感到隐隐地作痛，他不忍心看那些眼角湿润、好像要流出眼泪的牲畜。他对不能帮助它们从屠刀下逃脱出来，感到无可奈何的悲愤。

达·芬奇飞奔着跑回了家,看见一家人都在等待他吃饭,晚餐与平时一样丰盛。但是,奇怪的是,达·芬奇面对端上来的肉食再也无法下咽了。放学路上看到的一幕不停地在他脑海中闪现,从此,达·芬奇不再吃肉了,他成了坚定的素食主义者,直到去世。

不知道从什么时候开始,达·芬奇又对建筑产生了兴趣,他经常跑到建筑工地去看那里的工人们施工。趁着设计师们休息的时候,他会跑过去问各种各样的问题。

开始的时候,设计师对这个漂亮的小男孩并不在意,以为只是小孩子的好奇,但是当他们与这个孩子交谈之后,发现他原来是个很有计算天分的孩子,头脑清晰,绘图标准。

于是,好心的设计师们就热心地指导达·芬奇一些建筑方面的数学计算和画几何图形。达·芬奇从这些前辈那里学会了不少东西,渐渐提高了用算术、代数、几何和力学知识解决实际问题的能力。

不断的求知,使得达·芬奇的童年和少年生活过得十分充实,正是丰富多彩的想象和勤于动手的习惯,才让达·芬奇日后有机会推开艺术殿堂的大门。

命运的转折点

达·芬奇原以为自己会一直无忧无虑、快快乐乐地生活着。然而，生活总是变幻莫测的。它也会有晴天，有雨天。

在一次与伙伴们的玩耍中，达·芬奇被一个小男孩骂为"野种""私生子"，尘封已久的身世之痛一下子又再次伤害到这个正在成长的少年。

当年，回到父亲家里的时候，达·芬奇还太小，继母阿尔别拉又视这个孩子为己出一样爱护。随着年岁的增长，童年的记忆对这个孩子来说，早已经模糊殆尽，现在往事重提，让达·芬奇感到那么几秒钟的茫然，似是而非，但他仍不相信那是真的，便飞奔着跑回家去问妈妈。

一进家门，达·芬奇便上气不接下气地喊："妈妈，"他拉住阿尔别拉的手，伤心地问，"你告诉我，我是一个私生子吗？"

这突如其来的问题使阿尔别拉脑袋里轰的一下，9年了，她已经忘记了这一切，是谁又把这旧事重提了呢？怎么回答孩子呢？但事实是存在的，孩子早晚也会知道的。

阿尔别拉不能允许任何人扭曲它，也许这样的事由自己来说更合适。

于是，阿尔别拉将达·芬奇拉到一张椅子上，让他坐下，自己坐在他对面，然后神情严肃地把达·芬奇的真实身世原原本本地向他讲述了一遍。

然后她说："达·芬奇，我的确不是你的亲生母亲，但是，这9年来我一直把你当作自己的孩子。我希望你能忘了过去的事，做我的儿子，好吗？我永远是你的妈妈。"

"妈妈！"达·芬奇扑进母亲的怀抱放声大哭。

以后，达·芬奇再没有提起这件事，只是他变得有些沉默寡言，也不对父亲那么亲热了，他心底隐隐觉得父亲不对，既然爱他的亲生母亲，又为什么跟阿尔别拉妈妈结婚？

但是，对于阿尔别拉，达·芬奇反倒更加热爱。继母从小看着他长大，无微不至地呵护着他，这些充满了这个孩子所有的童年记忆。在达·芬奇的心里，阿尔别拉就是他的妈妈。

只是自己的妈妈，她在哪里？她好吗？这样的问题时不时地会从达·芬奇的脑子里冒出来，成为这个少年心底不能碰触的一个阴影。

然而，就在达·芬奇下定决心好好接受阿尔别拉的母爱时，命运却再次开了一个无情的玩笑。一场突如其来的大病打垮了阿尔别拉。

那天，达·芬奇放学后，发现母亲没在门口等他回来，心底便打了一个冷战。走进家里，他看见母亲躺在床上，脸红红的，睡得很沉。

爸爸告诉达·芬奇，阿尔别拉妈妈得了一种热病，好像病得不轻，需要慢慢静养。

接下来的日子，儿子懂事地帮助妈妈擦脸，洗脚，喂她吃东西，但是阿尔别拉似乎没有好转的意思，身体显得越来越虚弱，她常常发高烧，说胡话。

皮得罗先生四处请有名望的大夫来为妻子诊治，但是大夫们都无奈地摇头，他们说的是一样的话："病人的病现在还没有特效药，我们已经尽力了。"

后来阿尔别拉越来越没精神，躺在床上经常陷入昏迷状态，当她清醒的时候，因为知道自己留在世上的日子不多了，便流着泪，抬着无力的手臂轻轻抚摸达·芬奇的头。

达·芬奇总是忍着不哭，安慰妈妈说："妈妈，你会好起来的，等你好了，我们去郊外玩儿。"

年迈的奶奶也坐在一旁唉声叹气，默默地擦拭着眼泪。

在一个清晨，阿尔别拉闭上了眼睛，永远地睡去了。神父祈祷这个年轻美好的灵魂早上天国。

阿尔别拉年纪轻轻就死了。达·芬奇失声痛哭，他失去了母爱，更失去了一位好朋友。于是他开始逃学，逃到山间为阿尔别拉痛哭，然后在山间游荡。

公证人的家里与从前不同了。奶奶总是郁郁寡欢，悲哀地重复着一种殡葬时的祈祷词，并且说很快就该轮到她了。皮得罗先生也好像一下子变老了10岁，并且业余待在家里的时间越来越少，大房子变得更加空旷冷清。

达·芬奇很懂事，每天放学后陪奶奶待一会儿，奶奶休息后，他或去做作业，或到他的实验室观察昆虫，一边观察，一边在纸上画素描，他已经画得很好了。

一天晚饭后，他上楼看奶奶，听见父亲在同奶奶说话。达·芬奇仔细听了听，才知道父亲是在和奶奶谈续娶的事情。

"母亲，阿尔别拉去世也有半年了，我想再娶一个女人，照料这个家。"皮得罗先生说。

房间里响起奶奶苍老而又无奈的声音："这是你的事，你自己决定吧！只要她是个心地善良的女人，脾气好，愿意照顾我们一老一小就行啊！"

达·芬奇默默走下楼，他心里充满了忧愁。父亲又要结婚了，担忧的一天还是来到了。

时间一天天地过去，达·芬奇提心吊胆地等待新妈妈的到来。他不知道，这个新妈妈能否像阿尔别拉那样对自己好。

在鲜花开放的季节，年近不惑的公证人领回一个如同鲜花一样的女孩。这个小姑娘似的继母名叫姬妮，刚刚年满15岁，身材比达·

芬奇还要矮小。

婚礼上,达·芬奇看见新妈妈穿着一套白色的新娘婚纱,一双明亮的大眼睛,一副快乐天真的微笑,心头一块沉重的石头落了地,奶奶的面孔也开朗起来了,皮得罗也不再孤独,屋子里重新有了生气。

达·芬奇很喜欢这位活泼娇小的继母,姬妮会陪他一起抓昆虫,看着达·芬奇把昆虫分门别类地放进不同的盒子;也会观赏达·芬奇画的各种素描图画;偶尔,还饶有兴趣地听他说他的各种奇思异想,但他只把她当作朋友、姐姐,他从不叫她"妈妈",不单是因为她年龄太小了,而且也因为他忘不了阿尔别拉妈妈。

这个时候的达·芬奇已经是个相貌俊美、才华出众的 15 岁少年了。

有了新妻子的公证人并没有忘记对儿子应尽的责任。皮得罗先生长时间地考虑着达·芬奇的前途,他认为已经到了决定达·芬奇未来方向的时候了。

这孩子聪明好学,这一点毫无疑问。学科学,孩子具有惊人的记忆力;唱歌,嗓子又很出众;弹琴,他能为任何歌曲伴奏。在绘画方面,他也不同寻常,无论什么东西,他总是轻而易举地就把它画出来。

皮得罗先生心里清楚:如果这样一个有天赋的孩子没能成为佛罗伦萨一个受人尊敬的公民,将是一件非常遗憾的事。

于是,某天,达·芬奇就被召进父亲的工作室,直觉告诉这个孩子,将有一个重大决定在等着他。

"列奥纳多,你现在已经快要成年了,应该送你去学一门本领了,你想学什么呢?"当达·芬奇走进书房的时候,皮得罗开门见山地说。

达·芬奇愣了一下,他没想到父亲会谈这么严肃的话题。他想了想,觉得自己最突出的才能是画画。于是说:"爸爸,让我去学画画吧!"

达·芬奇想学习画画的念头马上遭到皮得罗的反对。画家是低人一等的职业，他们是一群经常寄人篱下的可怜的乞食者，要靠宫廷或达官贵人资助才能生存，封建领主、新兴商人都看不起他们。

"不行！当画家有什么好处？难道你就没考虑做个公证人或律师吗？"父亲开导他。

达·芬奇仰起头，坚定地说："还是送我去学画画吧，爸爸。我只想画画。"

他的目光里充满希望，又充满执拗和不屈。皮得罗不得不郑重思考儿子的请求和儿子的前途。

皮得罗自己也觉得儿子有很高的艺术天赋，既然孩子不喜欢做公证人、学法律，就让他去学画吧！但是，皮得罗认为，儿子既然要学画就必须跟随名师学习，应该送孩子到佛罗伦萨去，那里才有一流的画家和画室。

于是，为了学画，达·芬奇告别了芬奇镇，怀着无限的喜悦踏上通向佛罗伦萨的路……

步入画坛

对某事物的爱好产生于对该事物的理解,理解越透彻,爱得越炽热。

——达·芬奇

遇名师点石成金

到了佛罗伦萨，达·芬奇贪婪地陶醉在这座非常优美的城市里，精神为之一振。

佛罗伦萨真是个不一般的城市。街上那些塑像、浮雕、著名大师的壁画常常使达·芬奇不由自主地停下来，怀着极其虔诚的心情，久久地凝视它们。就像达·芬奇感受到的一样，这座城市充满了奇迹。周围的一切都唤起了少年达·芬奇对美好事物的喜爱。

在佛罗伦萨，连建筑物上的一砖一瓦都在告诉人们什么叫艺术，一座建筑就是一件艺术珍品，一条街就是一个艺术陈列馆。

佛罗伦萨是一个包罗万象的变革之地。人们可以在此找到全欧洲最好的建筑师、雕刻家、科学家和珠宝匠。来自这座城市的大师都被天主教的首脑、神父，莫斯科大公及土耳其苏丹邀为座上宾。

在一些古老的小巷里，达·芬奇看到巷子两边的小商店、首饰店里精雕细琢的珠宝璀璨华丽；有细木工匠作坊，各色雕花家具精美典雅；还有雕刻师和铁匠，制作出来的物品个个都是艺术品，令人爱不释手。

达·芬奇登上全市的最高处，整个城市便毫无保留地呈现在他的眼前。圣玛利亚·德·菲奥列大教堂的圆顶在蓝天的映衬下显得雄浑壮丽。圣明雅托丘陵看上去就像神话世界中的场景，无数的房屋、宫殿、修道院、塔楼和钟楼，隐隐约约地闪现着。

错落有致的各式建筑上，都有上过釉、焙烧过的各种精美异常的浮雕造型，它们闪耀着夺目的光彩。这是多么美丽的城市，达·芬奇立刻就爱上了它！

佛罗伦萨还是一个圣母的世界，无论达·芬奇走到哪里，都会有一座或豪华精致或简朴典雅的壁龛，里面有一位慈祥的圣母微笑地注视着他这个小镇少年。

为了儿子能拜到名师，皮得罗动用了自己在佛罗伦萨的全部关系。这天，皮得罗经人介绍把儿子领到维洛基奥的画室。

在佛罗伦萨众多的艺术家当中，维洛基奥占着一个显著的位置。与许多有天赋的艺术家一样，他在步入青年时代的时候就已经成名。

维洛基奥最初是个珠宝手艺匠人，凭借自己的天赋和刻苦成为职业画家和雕塑家，而后者对他更有吸引力，所以比起绘画来，他用更多的时间和精力从事雕塑创作。

维洛基奥在雕塑方面的才能，在他的绘画上就可窥一斑。他绘画作品中的形象好像都是青铜铸造的一样被描绘得非常准确，这还说明，艺术家特别精通和注重解剖学的细节。

维洛基奥最著名的作品是威尼斯军队首领巴多罗明奥·柯列奥尼骑在马上的铜像，这尊铜像被安置在威尼斯的一个广场上。

艺术家住在佛罗伦萨郊外的一处别院中，院周绿树围绕，门前是小桥流水。

走进院子，达·芬奇立刻就被院子里的雕塑作品吸引住了，那是些还未完成的作品，有奔腾的马、狂吠的狗，还有老人和少女……

达·芬奇走到这一座座雕塑前，全神贯注地观察起来。

维洛基奥正在后院教徒弟雕刻，经人通报，他来到了前院。

"哪位先生找我？"嗓音洪亮的艺术家问道。

公证人连忙上前行礼，寒暄过后，皮得罗打开一小卷儿子的素描，说道："尊敬的阁下，这是列奥纳多的素描，如果您认为他有这方面天赋的话，请收他为徒吧！"

说着，便让达·芬奇过来拜见大师。达·芬奇走过来恭恭敬敬地给大师鞠了一躬，说道："您好，维洛基奥先生。我叫列奥纳多·达·

芬奇，希望能成为您的学生。"

维洛基奥正饶有兴致地看着那些素描，他被它们深深地吸引住了。在他很多学生当中，他还没看到有同样水准的东西。这个孩子落笔大胆、信心十足，对大自然的观察非常细致、敏锐。很少有孩子，甚至成年人，能够这样准确地描绘出各种动物的运动姿态，而这个孩子却做到了。

维洛基奥抬眼看了看这位天使般美丽的少年，感到他举止不俗，是个可造之才，心里顿时很满意。

"这是你画的吗？"维洛基奥问道。

"是的，先生！"达·芬奇爽快地回话。

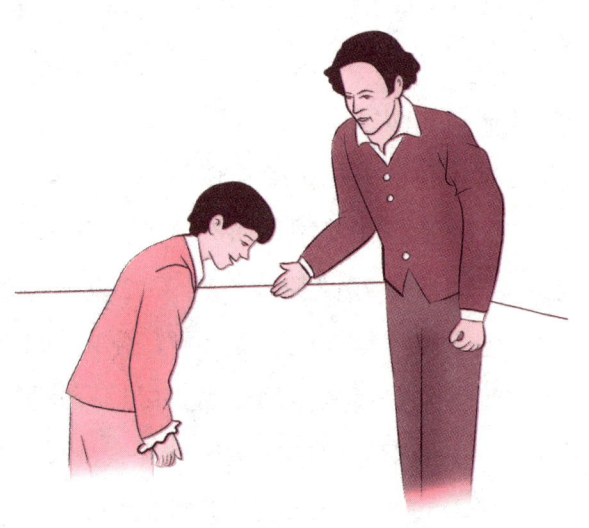

"你喜欢画画吗？"

"喜欢，我也喜欢数学和科学。"

"哦，你认为科学与艺术有关吗？"

"我认为艺术需要科学，我们不能仅凭想象去雕塑自然界真实的事物；在色彩搭配，形体比例上我们还需要数学。艺术品首先应该是真实的。"达·芬奇的回答很有见解。

听了达·芬奇的话，维洛基奥脸上露出了满意的微笑，他赞扬道："小伙子，说得不错。"

维洛基奥又问达·芬奇："你跟别的老师学过吗？"

"没有。"达·芬奇乖乖地回答。

维洛基奥点点头，又拿起达·芬奇的画本端详了一番。看完素描，他慢慢合上本子，最后说道："你很有才华，也很有悟性，我同意收下你。不过你一定要刻苦用功，不要让你的父亲和我失望。"

"谢谢您，维洛基奥先生！我会做到的。"达·芬奇深施一躬，开心地答道。一旁的父亲皮得罗先生也喜笑颜开，连声向维洛基奥说谢谢。

从此，达·芬奇正式成为维洛基奥的学生，在那里，达·芬奇度过了勤奋的6年光阴。

维洛基奥的画室是当时佛罗伦萨一个极有声望的艺术中心，也是意大利人文主义学者聚会、探讨学术问题的场所。他非常重视解剖学和透视学的研究，以科学的理论和实践的方法来处理绘画、雕刻艺术。

工作室里时常充满轻松愉快的气氛，但在工作时间，画家却严肃对待，严格要求。

绘画方面，维洛基奥在许多方面走在了时代的前列。他告诉学生：要成为一个好画家，首先必须研究"人"，正确地把握人体的比例。维洛基奥以前的画家从未提出过这样的理论。

"先画好骨骼，"画室里响起画家洪亮的声音，"然后再画上肌肉和筋，最后用皮肤覆盖在上面。"

按照这个理论，维洛基奥画出了施洗者约翰令人惊异的真实。人们在这位先知的手上，清清楚楚地看到皮肤下面凸起的肌肉和暴露的青筋。作品的真实感让学生们感到强烈的惊异，他们在这里不但学会了绘画技巧，还学会了创作方法。

达·芬奇在这样优越的环境里学习，再加上维洛基奥又是一位学识渊博有经验的优秀老师，他循循善诱，要求严格，因此使达·芬奇的绘画才能得到了迅速发展。

受益于忘年之交

当时的佛罗伦萨已经是著名的艺术革新之地。大贵族科西莫·德·美第奇是佛罗伦萨文艺强有力的庇护者，在保护和促进艺术与科学的繁荣发展方面不惜钱财。

在这里，不仅是贵族，就是普通市民对艺术也有强烈的兴趣。上至达官贵人，下至黎民百姓都对造诣高深的艺术家倍加推崇，并以获得名艺术家的作品为荣。

艺术家在这里很受尊敬，佛罗伦萨人对艺术的崇拜，超过了当时任何一个意大利公国。

在佛罗伦萨，即便是街头顽童，在和著名的艺术大师相遇时，老远也要脱帽致敬。谈到这些艺术家时，这些人脸上还带着骄傲和狂喜的神情。这使得达·芬奇对艺术的崇敬和热烈向往日甚一日地增长。

在维洛基奥的画室，达·芬奇勤奋地学着作画。他开始为观察到的一切事物作速写。特别吸引达·芬奇注意的是各式运动：人的运动、马的运动、飞禽的运动，还有其他的运动。

日子一天天过去，达·芬奇长大了，长高了，越来越喜欢静静地思索。

生活方面，达·芬奇和师兄弟们相处得都不错，劳伦斯和比特洛两个男孩子与他的关系尤其好。这两个男孩很佩服达·芬奇在艺术方面的天赋，在学习和生活上给了他很多帮助。

3个孩子成为十分要好的朋友，时不时交流作画的经验和技巧，取长补短，相互增益，业余时间还经常结伴出游。

在所有的生活中，令达·芬奇最兴奋的就是在一次逛街中，他结识了当时在意大利乃至全欧洲都很有名的数学家、天文学家、医生、哲学家托斯卡涅里，并且被获准可以经常去他家里讨论问题，这对少年达·芬奇的创作、学习带来了很大帮助。

事情是这样的：一天，维洛基奥接到一个友人的邀请，去参加一个宴会。达·芬奇和劳伦斯、比特洛两个同学到街上玩耍。当3个人走到一条小街上时，迎面走来一个披着斗篷、身形清瘦的男人。

这个男人边走路边紧锁眉头，似乎在思考什么重大的问题，神情特别专注。劳伦斯和比特洛两位师兄连忙毕恭毕敬地给这位先生让路，并施以脱帽礼。

当这个人走远之后，达·芬奇纳闷地问师兄们："这位先生是谁呀，为什么你们这么尊敬他？"

比特洛告诉他："哦，你不知道吗？这个人就是大名鼎鼎的托斯卡涅里，意大利最伟大的科学家呀！"

"啊，他就是托斯卡涅里，我一直崇拜的人?!"达·芬奇眼睛顿时亮了起来。

托斯卡涅里这个名字在整个意大利几乎是家喻户晓。据说，航海家哥伦布使用的航海图就是他绘制的。酷爱学习的达·芬奇对这个白发长髯、目光深邃，身体略显消瘦的老人早就十分敬仰。没想到今天能在路上遇到这位先生。

于是，达·芬奇匆忙告别两个同伴，说："我想认识他，你们先回去吧！"说完，就一个人追赶托斯卡涅里去了。

达·芬奇一路跟在托斯卡涅里的身后，跟着，跟着，老科学家到了家。达·芬奇悄悄走到窗下，他看见里边是一间工作室，室内有一张工作台，台上放着许多仪器和化学药品，墙上靠着一排排高高的书架，上面堆满了书。

一会儿，托斯卡涅里进来了。他已脱去了斗篷，手里拿着一个盒子。科学家走到工作台前，开始专注地做着实验。

达·芬奇瞪大眼睛，小心翼翼地看着大师的每一个动作，那些瓶瓶罐罐在他的眼里似乎充满了神奇的魔力。他身不由己地被这位老先生吸引住了，于是越来越想成为他学生中的一个。

从此，达·芬奇常常在托斯卡涅里住所前徘徊。那门、那窗，在他看来都是那么圣洁，科学家的工作室就是科学的圣地。有时，透过敞开的窗子，达·芬奇能够看见正在埋头工作的托斯卡涅里。

工作台上摆满了演算纸、手抄的书稿和各种各样的仪器：曲颈瓶、烧杯、研磨用具、蒸馏器……其实，托斯卡涅里早已经注意到，窗外经常有个俊美的少年在那里张望了。

终于有一天，学者走出房子，和蔼地问道："孩子，你是谁？在这儿做什么？为什么总在我的屋前徘徊呢？"

达·芬奇感到又害羞又惊慌，但是他马上镇定下来，挺直身体，仰望着老学者，面红耳赤地回答说："先生，我想跟您学数学！"

达·芬奇接着说："我看到您在做研究，我也喜欢做研究。我还特别喜欢数学和几何，我可以做您的学生吗？"

"哦，年轻人，你为什么对数学感兴趣呢？"托斯卡涅里问道。

"老师，因为数学逻辑是最纯粹的推理方式；几何图形当中有一种美，我在画画时常用它们。"

托斯卡涅里笑了，他觉得这个少年很可爱，便把达·芬奇请进了屋里。

"你学数学是为了画画吗？"

"不，我喜欢科学；我想知道事物的本质，我还喜欢一些机械。"

托斯卡涅里注视着眼前这个少年，他的眼睛正在因兴奋而闪闪发光，脸孔也泛得通红。他的思想很活跃、很新奇，托斯卡涅里喜欢上这个少年了。

"孩子，你的想法很奇特。"托斯卡涅里眯了眯眼睛，沉吟了片刻，然后微笑着说，"好吧，年轻的阿基米德，从现在起，我的住宅随时对我的新学生开放。"

达·芬奇兴奋地跳了起来，他毕恭毕敬地向老人鞠躬说道："我将永远是您忠实的学生。"

托斯卡涅里微笑着点了点头。从这一天起，达·芬奇成了著名数学家的学生，他更加勤奋地学习了。

托斯卡涅里认真地教导这个向他提出无数各式各样问题、怀着极大热情参加科学探讨和实验的少年，他的学说已经在达·芬奇的身上留下了深深的痕迹。

托斯卡涅里和达·芬奇也成了忘年交，达·芬奇有很多心里话，都会向这位仁慈智慧的老人诉说。

一次，达·芬奇给托斯卡涅里讲了自己的童年，讲了阿尔别拉妈妈和父亲的续弦。他问老师："为什么一个年轻的生命会忽然死亡？"

托斯卡涅里在工作室里踱来踱去，深思了许久。

"是啊，"他终于感慨地说，"人的生命每时每刻都在诞生，在死亡；社会和宇宙也是这样。人们相爱，人们痛苦，人们为改变自身的处境而拼命……可是，这一切转眼间就过去了。"

老科学家拉着达·芬奇的手，把他带到窗前，让他看黑暗天幕上闪烁的星星。

"而那里有无数个世界，"老人用一种低沉的，但却充满热忱的声音说，"我的朋友！在这些遥远星球中的任何一个上面，或许存在着与我们人类相似的社会，甚至可能更加完善……那里的生灵也有欢乐与悲哀，也有生和死。这些世界有的在覆灭，有的在获得新生。这广阔无垠的宇宙哟！"

达·芬奇仰望着星空，忽然觉得自己是那样的渺小，就好像万丈深渊下的一粒尘埃。这个深渊相当可怕而又异常美丽，它五光十色、神奇莫测，它像一个受魔法支配的深深的洞穴转动着，吞噬着一切。

"多么神秘的宇宙啊！"达·芬奇感叹着。

后来，皮得罗先生在办一件重要的案子时名声大振，并且赚了一大笔钱。不久，他在佛罗伦萨买了一栋房子，带着全家迁居那里。这样，达·芬奇就可以回家生活了。

新购置的住宅，地方不是很大，但是装潢得简朴而又温馨。达·芬奇对一切都很满意，现在，他已经是真正的佛罗伦萨人了。他几乎每天要在维洛基奥的画室、托斯卡涅里的实验室和自己家里往返，虽然很累，但是心情愉快。

然而，好景不长，达·芬奇的第三个妈妈姬妮因不满足于当时的家庭状况，毅然决然地离开了这个家，这使达·芬奇的父亲非常气愤。

这件事让达·芬奇心里很不痛快。于是，他又搬回了画室。

托斯卡涅里是最受达·芬奇尊敬和爱戴的朋友，他看见达·芬奇郁郁寡欢的落寞神色，关心地问："孩子，发生了什么事？让你这么苦恼？"

达·芬奇只得把家里发生的变故讲予老科学家知道。他还说出自己的困惑："虽然我不懂这些事，但是我觉得如果爱情就是因为美貌、欲望以及一时冲动的话，那不令人鄙视吗？"

老学者再次扮演了心理辅导师的角色，他慈祥地安慰着这个少年，说："不要这么想，我的孩子，人世间就是如此，生生死死，合合离离。人可以改变一切，也要承受一切，不要太在意别人在做什么，只要你自己凭真心去生活就好。"

他告诉达·芬奇，岁月就像一条河流，它会冲淡一切的……

听了托斯卡涅里的劝导，达·芬奇感到释怀不少。从此，他更加努力地绘画和学习了。

勤学苦读的日子

达·芬奇在维洛基奥的画室里学习，一晃就是几年。离开了舒适的家，他并不感到难过。

达·芬奇每天早早起床，趁其他学生还在睡懒觉时，就拎着水桶去公共用水的地方打来清水，然后在厨房里生火，打扫工作室和老师的房间。

有时候，他还会帮着厨娘用沙子把木碗、锅、盘、盆子擦亮。当维洛基奥穿着拖鞋，洗漱完毕坐到餐桌旁边时，他要给老师端上热茶、奶油、比萨饼或通心粉。

早饭以后，维洛基奥开始边工作边授课。这是达·芬奇最快乐的时候。他渴望知识，贪婪地倾听老师的教导，并且努力在自己的作品中应用它们、检验它们。

达·芬奇习惯直率地、坦诚地注视着老师的眼睛，斟酌着每一个句子。同这个好学的孩子在一起，维洛基奥总感到特别愉快，他似乎在重新认识着艺术的内涵，而这种感觉他从来没有过。

当维洛基奥和学生们谈论艺术和艺术的创作方法时，学生们已习惯把他的教诲当作不容置疑的真理而加以接受。老师注意到，只有达·芬奇正用审视的目光望着他，并且在思考着什么。尽管只有达·芬奇一个学生对老师的教导字斟句酌并加以验证，但他却更加严谨地对待自己的工作了。

作画的时候，达·芬奇仍然是左手握笔。他在画板上勾勒抹挑，时而挥笔狂涂，时而又眯着双眼小心翼翼地勾勒描画，时而退后一步凝视画面，时而又突然急趋上前在画面上挥毫。

这个孩子作画时神态专注，全身心地进入到艺术世界。他的灵魂已经和画合为一体。尽管身为老师的维洛基奥很欣赏达·芬奇的艺术领悟力和入魔似的作画情绪。可是，他却不允许学生随心所欲地自由创作，他希望学生可以从平凡做起，打下扎实的绘画基础。

34岁的维洛基奥是当时佛罗伦萨的名画家，对艺术和科学都有极大的兴趣。他有着自己的绘画理论，用自己的绘画理论来教授和指导学生。

在维洛基奥眼中，绘画就要有立体美的精确性，一切艺术都必须以一种几何图形为依据。一幅画面必须具体而完整，不仅要有长度宽度，还要有深度。他是意大利艺术家中，最早认识到透视原理在绘画创作中作用的一位。

由于维洛基奥要求绘画一定要有精确的美。所以，他不允许达·芬奇天马行空式地绘画。开始的时候，他时常批评达·芬奇的画缺乏立体的精确。

"精确！"他说，"一定要画得精确！要有立体感！"

为了帮助达·芬奇达到绘画的精准，维洛基奥要求达·芬奇从画蛋开始，他说："鸡蛋虽然很普通，但是角度不同，画出的蛋就应该不同，何况天下的鸡蛋又没有完全一样的。画蛋是练基本功，基本功要练到画笔得心应手、随心所欲，才算功夫到家。"在之后的日子里，达·芬奇谨记老师的教诲。

达·芬奇喜欢在佛罗伦萨的街头漫步，如果遇到了使他感兴趣的面孔或身影，他就从腰间摸出小本子，偷偷画起速写来。这样，他在笔记本里积累了速写、草图，以及听来的谈话、歌谣、笑话、评论、哲学讨论，为艺术和科学创作做了大量的极其珍贵的储备。

除了对职业的爱好，达·芬奇也喜欢舞蹈、音乐和跑马。他的歌声美妙，能演奏竖琴。他很喜欢马，他是一个优良的骑手，还是一位训练马跳栏的专家，能驯服最烈性的野马，在赛马中总是获得第一。

达·芬奇还精于照管马，他认为马是最高贵、最美丽的动物。

达·芬奇的美貌在佛罗伦萨是闻名遐迩的，每逢节日，姑娘们总是乐意和他跳舞，这曾经引来许多青年画家的嫉妒。

除了绘画之外，达·芬奇精力过人，他的头脑同他的双手一样，总是在探索着世界的奥秘。

一个人的时候，达·芬奇总在思索着想解开一切未知事物的奥秘，却又恐惧自己没有解开奥秘的能力。他总像处在少年时代迷路而遭遇黑黝黝的大山洞时的情绪中，既好奇又恐惧。

这个时候，他发疯似的迷恋起军事学，幻想着有一天成为一个运筹帷幄、调兵遣将的军事家。他借到一本当时的军事名著，熬了十几个夜晚把它的主要内容抄录下来，并且试着设计制造一种新式武器，为此画了许多草图。

达·芬奇白天努力学习作画，晚上，在灯下苦读科学书和他喜欢的哲学书。为了能看懂更多的科学书，他又开始苦读拉丁文，因为大部分科学书都是拉丁文写成的。

达·芬奇看的书很杂很广，他对数学、化学、物理学、几何学、机械工程学、天文学都产生了浓厚的兴趣。这个少年如饥似渴地读着书，常常读到深夜，直到老师来催他，才吹灯睡觉。

开始，同学们经常拿达·芬奇的口音和他那土里土气的举止取笑，以从小生在佛罗伦萨的城里人自居，有意无意地表现出傲慢的样子。但是，不管是周围同学善意或恶意的玩笑，还是节日玩乐的邀请，都无法干扰达·芬奇对科学和艺术的思索。

达·芬奇在跟随维洛基奥学习的几年中，表现出来的最突出的变化，就是他比以前更加喜欢沉思默想，更加经常地独自陶醉在深沉的思索里。

有时，维洛基奥与他谈话，他也会心不在焉，而这种情况常常发生在探访托斯卡涅里宅第之后。

达·芬奇的这种变化，没有逃过维洛基奥的眼睛。他发现，每当这个学生从画室里悄悄地失踪过后，他的脸上便出现了那种聚神凝思的神态。维洛基奥为此感到担忧，他从学生和邻居那儿了解到，达·芬奇又去了哲学家那里。

一次，维洛基奥问达·芬奇："孩子，你在想些什么？"

达·芬奇抬起一双清澈的蓝眼睛望着老师，质朴、平静地回答："我在考虑如何把画家、雕塑家的艺术和科学的严密性结合起来，使得艺术家的作品更接近自然。"

维洛基奥笑了，这孩子多么奇怪，他那认真、严肃的样子，简直像个年长的学者。

"你是在思考与艺术的内涵紧密相关的解剖学吗？解剖尸体对你来说未免早了一点儿，但以后这将是你的必修课。"老师说道。

达·芬奇摇了摇头："不，老师，我想的不是这个。我现在说的是，艺术家之所以研究科学，不仅为了了解人和动物身体的构造，而且……"

他不知该怎样向老师解释清楚自己的想法，因为在托斯卡涅里家里，从学者圈子里听到的谈话，还让这个孩子觉得有些朦胧。

"我……我在思考科学的作用，离开科学的艺术就好比失却了灵魂的身体，比如，数学在很大程度上对于理解透视的法则、明暗的分配、色彩的作用是必需的，那么，光学和力学的作用呢？在真正掌握科学以前，我们就像盲人一样在黑暗中前进，为了弄懂这些科学，必须要有专门的时间进行聚精会神的研究。"

当时，有些画家曾经从事过珠宝匠的行业，因此他们很快便能掌握细腻花纹的绘制方法，并为此而感到骄傲，可是这个孩子却能深入到宇宙的内涵中去。"多么不同凡响的年轻人！"维洛基奥自言自语地说。

望着眼前的学生，维洛基奥不禁暗自惊讶：在他以往的学生当中，从来没有一个人用过这样的语言和他谈话，或者有过这样深刻的思想。即使毕业多年的学生到他这儿来，谈论的仍然是运用过千百次的那些技法，并且为此感到知足。什么数学，那是科学家们的事。

时光在飞逝，达·芬奇已不再是初到画室时的小孩子了。他的绘画水平正发生着质的变化，新的素描作品常常使同伴们感到惊讶。与同学们在一起，他感到兴奋。他不断地学习他们的长处，并设法不重蹈他们走过的弯路。

达·芬奇用画笔和雕刻刀努力去表现大自然和现实生活的真善美，他热情地歌颂人生的幸福与大自然的美妙。很快，他的艺术水平就和老师的水平不相上下了。

按照画室的惯例，学生要帮助老师来完成客户的订货，因此达·芬奇在维洛基奥画室帮助老师完成一些订件。由于达·芬奇善于吸取老师的特点和技艺，以至于在一些作品中很难区别究竟哪部分出自维洛基奥之手，哪部分由达·芬奇代笔。

一天，维洛基奥接到一份订单，为法隆柏罗莎教堂定制《基督受洗》一画。在这幅画中，应该有耶稣和圣约翰，还有两个虔诚的天使在目睹这一圣事。

维洛基奥认真地赶制着这幅画，当绘画即将完成，只剩下一个天使的时候，老师把达·芬奇叫到身边，说："我的达·芬奇，我的作品两个天使还差一个，你来画吧！"

达·芬奇大为震惊。对于他来说，这是少有的荣誉。这意味着，老师已把他当成一个几乎是学成

了的画家看待了。但是，他能使老师满意吗？

他低低的声音有些颤抖，用着整个心灵，诚恳地、高兴地说："如果我能够，我要尽力画好，亲爱的老师！"

整幅画天使的作用是要表现出基督洗礼时的狂喜，这个天使要显得天真无邪，但只是次要形象，不要太鲜明，而且不能和前一个天使相同。

达·芬奇仔细地观察那幅画，思索天使的形象。他发现老师画的那个天使，鼻子肥大，眉毛高扬，眼睛圆溜溜的，眼神也有些呆滞，也许老师为赶这幅画太劳累了。

达·芬奇在画前思索了一天，晚上也在构思，几乎夜不能寐。终于，他拿起了画笔，以自己的劳作参加老师的鸿幅巨制，这是多么光荣的事啊！

达·芬奇日复一日地工作着，渐渐地，在画的空白处，出现了一个跪着的天使，他目光里闪着幻想，脸色肃然，满头鬈发；一个薄薄的、晶莹的、薄纱一样的光环围绕在他头上，衣褶美妙而自然。

老师来到画室。达·芬奇的心里不免有些紧张。维洛基奥慢慢地走过来，他很疲倦，轻轻地走到学生的身后，看了画一眼，蓦地他的眼睛亮了，眼神狂喜而绝望。

维洛基奥喊道："哦，这一天竟然来得这么早！亲爱的达·芬奇，我的孩子，在你画了这天使以后，我将不配再称作画家了。从今往后，我将放下画笔，去从事我心爱的雕塑了。"

这件事传了出去，从此，达·芬奇声名鹊起，开始慢慢受到人们的关注了。

在佛罗伦萨扬名

1472年，在老师维洛基奥的推荐下，年轻的达·芬奇顺利通过了艺术家协会的画家资格考试，成为佛罗伦萨画家行会的一员。

现在的达·芬奇已经具备了独立开画室、招收徒弟和对外营业的资格了。佛罗伦萨一些赫赫有名的画家都来看他作画，专家们十分欣赏这个乡下小伙子的艺术才能。

但是，达·芬奇认为自己的羽翼还未丰满，并没有急于成立画室，而是继续留在老师的画室里，作画、读书、绘制新武器草图，设想一些发明创造。

在维洛基奥的画室里，达·芬奇开始独立创作作品，他留下的绘画中最早的一幅作品是一张佛罗伦萨郊区风景的素描，即《亚诺风景》。素描的落款日期是"神圣的温柔的玛利亚纪念日，即1473年8月5日"。

1474年他创作了《德·宾西》肖像。该画描绘精细，色彩透明、淡雅，这是受了15世纪艺术大师波提切利的影响。

达·芬奇精细地描绘白嫩脸上的一双细长眼睛、纤细眉毛、稍微突起的颧骨和抿着的嘴唇，初步显示出他对人物性格研究精细的特点。人物头发也画得颇见功力，细致得几乎把每一根、每一卷头发都表现出来了。

属于这个时期的画还有达·芬奇1474年绘制完成的两幅《受胎告知》。《受胎告知》呈现着一种无拘无束的天然情趣，不像画家们惯常表现的这个题材那样。画幅上收拾好的房间一点都不华丽，没有代表圣灵的鸽子，也没有云朵。

圣母在露天的凉台门口得知了受胎这一喜讯，她极其恭敬地、难为情地望着微笑着的天使。画幅上那盛开的百合、如画的树丛、围绕着小山的河流显示着这美好的令人欢欣的日子。

第二幅《受胎告知》有一些不同。这幅画上描绘的天使表情严肃，圣母则惊喜地听着这一非同寻常的消息。画上的一切，从圣母的衣裙到放着一本打开书的小桌，都用完全艺术化的装饰纹样描绘出来。

《受胎告知》是文艺复兴时期许多艺术家常画的一个《圣经》故事。达·芬奇一反前人创作的传统。他把玛利亚由绣房置于风景优美的大自然里，充分体现了艺术家对人和自然美的歌颂的人文主义立场；他不去烦琐地描绘形象的细节，而着重刻画人物的内心世界。完美展示的是天使加百列向玛利亚传达上帝的神谕时的情景。

玛利亚听到圣告后，大惊失色道："我还没结婚！"人们从她的神态和手势，看出她的内心是非常矛盾的，反映了少女紧张、不安、惊奇、恐惧的复杂思想感情。这是一幅刻画人物心理活动的杰作。

1475年，他又完成了《加罗法诺的圣母》。

除了风景画和肖像画外，早期，达·芬奇的画大多是圣母，因为在那个时期，人们通常以宗教为题材，画的都是《圣经》故事。

但文艺复兴时期的艺术家同中世纪的艺术家的不同之处在于他们将宗教故事现实生活化了。他们肯定人生的美好和幸福，赞美人对生活的积极理想。

达·芬奇对于继母阿尔别拉给他的爱和呵护印象很深，所以在表现女性母爱方面就特别有感触。

最让达·芬奇受到认可的作品要数他在1476年画的《拈花圣母》。这幅画画的是一位美丽的母亲在和孩子玩耍，并用鲜花来逗孩子。

这位美丽的少妇，看上去有二十八九岁，她的脸上满是幸福、欢欣的微笑，她注视着自己的孩子，孩子十分可爱，他正在用胖墩墩的小手揪母亲手里的鲜花。这是一种浓浓的人间温情，母子俩都栩栩如生。

《拈花圣母》是一幅不同凡响的佳作，它包含着新颖的构思，被美术史家视为达·芬奇创作道路上的第一个里程碑。

这幅画不同于15世纪以来的圣母像。达·芬奇摒弃了15世纪以来的传统，不再斤斤计较细节的烦琐描写，而着重人物思想感情的刻画，画中充分表现了世俗母性的幸福感。

《拈花圣母》有三个显著艺术特点：

第一，这幅作品的造型语言突出地表现了高度的艺术概括性，诚如苏联美术史家罗坦别尔格所说，它"表现了已经足以构成盛期文艺复兴特征的目光集中以及从一粒沙中看到大千世界的本领"。

第二，圣母玛利亚首次以微笑的姿态出现在画面，以往的圣母形象严肃、呆板，看不到一丝笑容。

第三，圣母头上的"灵光"从不明显到以后逐渐消失。也就是说"圣母回到了人间"，因此这幅作品历来受到美术史家的高度赞扬。

在绘画技巧上，达·芬奇也总结了经验，他把这句话记在笔记本上：从明部到阴影的过渡，要像轻烟一样美妙。

成名，为达·芬奇带来了荣誉，同时也带来了祸事。

作为年纪轻轻就成果显著的画家，达·芬奇受到了当时贵族和同行的礼遇，但是也有人嫉妒这个农村孩子的才能，暗地里做手脚，想叫他身败名裂。

1476年4月，达·芬奇正帮着老师教学生作画，突然，两个巡夜的佛罗伦萨警察闯进了画室。

他们声称接到了神秘人的举报，说达·芬奇和一个17岁的模特有不干不净的关系，还控告他和另外3个佛罗伦萨青年有多种不轨行为。

达·芬奇面对从天而降的祸事不知所措，呆呆地站在那里。学生们丢下石砚、画笔、画架跑过来阻止警察抓人。许多学生为达·芬奇感到不平，这位师兄的脑子里除了学习还是学习，怎么会做那种不道德的荒唐事呢？一定是警察搞错了。

维洛基奥戴着工作帽，手里拿着雕塑用的泥土从雕塑工作间跑过来："什么事？警察先生，我是达·芬奇的老师，请问为什么要逮捕我的学生？"他问。

"有人指控他行为不端，我们也是例行公务，请列奥纳多·达·芬奇去与我们协助调查。"警察严肃地答道。

维洛基奥扔掉手中的泥团，为自己的学生作辩解。他觉得这件事很可笑。8年来，达·芬奇像儿子似的住在自己家里，白天在画室里尽职尽责地做自己的助手，晚上常常在画室勤奋到深夜，不是在读书，就是在计算一些高深莫测的数字，要么就是在画那些稀奇古怪的草图，他怎么会有时间和几个流氓无赖胡混呢？

可警察并不听维洛基奥的解释，他的任务就是带达·芬奇去受审，有罪没罪，那就要由法官审定了。

达·芬奇只好脸色苍白地跟着警察走了。再过一个星期，就是他24岁的生日，可是他却被稀里糊涂地关进监狱。在监狱里，达·芬奇虔诚地向上帝祷告，祈求上帝可以还自己一个清白。

达·芬奇进到监狱以后，他的案件一直被法院拖着，直到两个月后才开庭审理。身着红袍的法官威严地坐在高高的席位上。面容憔悴、面色灰暗、头发蓬乱的达·芬奇被带到了法庭上。这两个月里，他吃不好、睡不好，受尽了折磨，人也瘦了不少。

达·芬奇盼望着可以马上结束被囚禁的生活，还自己自由。苍天有眼，经过一番激烈的辩论后，法官郑重宣布达·芬奇罪名不成立，因为谁也提供不出确凿的证据证明他真的犯了罪。

达·芬奇被当庭释放了。神情沮丧的达·芬奇走出法庭。他心中塞满了仇恨，感慨万千。自己明明没有犯罪，却由于被人诬告，就白白在监狱里蹲了两个月，这世间的公理究竟在哪里呢？

达·芬奇又重新回到老师的工作室工作，但是，表面上，他还是勤奋工作，内心里却已经发生了巨大的变化。

"谁要一文不值，谁就不名一文！"达·芬奇心想。他渴望复仇，虽然他还不知道仇人是谁，但是他善于幻想的脑袋里想出一个有意思的想法：他要培育出一种有毒的果子，然后给那个卑鄙小人吃下，看着他痛苦万分地死去。达·芬奇为自己这个想法感到激动，后来，他真的开始了这种研究。

总之，诬告改变了列奥纳多·达·芬奇对生活的看法。他意识到自己不能只是一个卑微的画师，他应该在统治者中寻找自己的庇护，他需要有更大的作为。

达·芬奇开始注意打扮自己。他要把自己打扮成风流倜傥、能给达官贵人留下好印象的艺术家，他要跻身上流社会。

画家生涯开始

当时,在佛罗伦萨附近的卡列吉别墅里,住着因生活奢侈、地位显赫而被人称为"豪华者"的洛伦佐·美第奇一家。

美第奇家族的第一代是老银行家科西莫,他学识渊博,非常具有经济头脑,通过投资、房贷成立了自己的第一家银行。

不久,科西莫又通过控制经济命脉获得了政治上的胜利,成为佛罗伦萨城市共和国的实际统治者。身为地方执政长官,科西莫认识到文化艺术的重要性,他花费财物大力资助艺术,使佛罗伦萨成为艺术家汇集的著名艺术之城。

科西莫去世后,他的子孙们继承了他的传统,继续崇尚艺术。现在是科西莫的孙子洛伦佐·美第奇统治着佛罗伦萨,这是一个很具有外交才能、阴险自私的年轻人。洛伦佐对于艺术的喜爱比祖父有过之而无不及,他贪图享乐,生活奢靡,挥霍钱财,把自己的别墅变成了一座意大利诗歌和艺术的殿堂。

洛伦佐认为,他的宫廷应当进行豪华的布置,以成为整个欧洲宫廷的典范。他不惜钱财,去发掘和寻找稀有的古代塑像和浮雕,保存各种艺术流派,并鼓励御用学者和宫廷艺术家重兴古代文艺之风。

从1475年开始,达·芬奇就时常被传召到佛罗伦萨美第奇家族的花园画室服务。美第奇家族经常举办各种盛大的舞会、赛马、武术比赛等。达·芬奇就受命为这些活动设计背景、服装、道具或者展示才艺。

达·芬奇经常带着自己的速写本参加这些活动。他在那上面画着:在华美的花园里,身穿礼服的达官显贵,气质高雅的淑女,彬彬有礼的绅士，还有骑着战马、身披盔甲、手执武器的武士。洛伦佐和他的哥哥朱里安诺也经常加入武士的比赛中，骑着纯种的战马，挥斥方遒。

1476年，达·芬奇结束了自己的助手生涯，离开维洛基奥画室，开始正式为洛伦佐大公工作了。同时，他开始了板面油画《圣哲罗姆》的绘制。圣哲罗姆是一个基督教的苦行僧，为了宗教，他可以忍受任何苦痛。

虽然，达·芬奇为洛伦佐的宫廷服务，是受大公的邀请，但是，洛伦佐并没有重用达·芬奇。洛伦佐大公有很多画家供驱使，那些人中，有的并不是凭借自己的才能，而是靠迎合洛伦佐，博得他的欢心而受宠的。

达·芬奇并不算有名气，而且也不会溜须拍马逢迎公爵，所以他并不受器重，在公爵府上只被分配做很轻微的事情。

1478年的一天，他被传召去见洛伦佐，他走进美第奇家族的别墅，那里到处布满了古典雕塑、圆柱、金栏杆，金碧辉煌，洛伦佐坐在雕花椅子上，读一本希腊古典文学作品，他见达·芬来了，抬起头。

"达·芬奇，你在我的画室里时间不短了，表现得很不错。我决心重用你。我现在建造来基奥宫，宫里有座家族教堂，请你来为这个教堂的祭坛画饰物吧！"

虽然，公爵说要重用达·芬奇，但是给祭坛画饰物并不是什么艰难的事情，显然，洛伦佐大公并没有发现达·芬奇的真正价值，这让达·芬奇感到很失落，有一种英雄无用武之地的悲哀，但他也只能俯首听命到教堂画祭坛的花边。

不久，佛罗伦萨动乱了。佛罗伦萨各大家族之间争权夺势，帕兹家族实力雄厚，密谋打垮美第奇家族。他们的阴谋几乎成功了，朱里安诺被当场刺死，洛伦佐被刺伤，逃到家族教堂的更衣室，他的亲信找到了他。后来他们发起反击，帕兹家族在这场疯狂械斗中失败，全族被处死。

达·芬奇目睹了这一惨剧：血淋淋的尸首，有的还被分成几块，几百人被判处死刑；绞刑架上晃动着令人恐怖的尸体。

达·芬奇一家回到了芬奇小镇躲避战乱，达·芬奇的奶奶3年前就已过世。皮得罗觉得还是小镇太平，他年岁也大了，不想再奔波了，就留在了故乡。

不久，得胜而回的洛伦佐召见达·芬奇，请他去把即将上绞刑架的敌人们的嘴脸画下来。这是一份令人毛骨悚然的工作，但达·芬奇却不能拒绝。好在达·芬奇并不怕死人，为了精确地画出人的骨骼、肌肉、身体的精确比例，一个成熟的画家必须懂解剖学。

早在1472年他获得圣路克团体会员资格时，达·芬奇就做过人体解剖了。圣路克行会主要是由药剂师、医师和艺术家组成，它就设在一所医院里，有进行解剖的机会。

他把人看成自然界的一部分，他也解剖过鸟、鱼等动物，达·芬奇认为这是科学，要把事物逼真地表现出来，就必须了解它的本质。

达·芬奇来到绞刑场上，把犯人临死前恐惧、狰狞、扭曲的样子画了下来。完成速写后，他把画图给洛伦佐看，大公感到很满意。

"哈哈哈，不错啊，达·芬奇！看他们的表情多痛苦，多丑陋，这是一幅杰作啊！我要重重地赏你。"

达·芬奇看到洛伦佐近似于丧心病狂的失态样子，心里感到十分厌恶，在他的思想里，绘画应该是门艺术，是至高无上的事情，而现在却变成了统治者玩乐、消遣的东西。

达·芬奇再次意识到，在洛伦佐这里，他本人没有办法实践自己的各种想法，没有办法去做真正的艺术创作，只能是一个庸俗的、听人摆布、任人差遣的下人。

达·芬奇不想再过这样的生活了，于是，他说："大人，谢谢您的夸奖，我希望可以开办一个私人画室，请您允许。"

"开私人画室？你这么年轻，先别急着开个人画室。这样吧，你继续在我的家族画室服务两年，等你画完以后，我会资助你开工作室的。"

洛伦佐大公虽然没有直接答应达·芬奇的要求，但是许诺了会资助他，多少让这个年轻人感到了点儿欣慰。

1480年，达·芬奇快28岁时，他终于开设了自己的私人画室。当时，通过之前的努力，达·芬奇已经名扬整个佛罗伦萨艺术界了，所以来订货的人络绎不绝，生意非常红火。

达·芬奇先是受佛兰德里亚的委托，为正在给葡萄牙国王编织一条豪华地毯的编织工绘制图样。

在图样上他设计了两位人类的始祖亚当和夏娃，围绕在他们周围的是珍禽异兽和奇花异草。无论是一花一叶，还是那些禽兽，全都描绘得精致异常。特别是棕榈树，画家把它描绘得极其形象和柔美。它不是画家所得的表面印象的复现，而是学者研究心得和艺术家感觉的再现。

就在这时候，达·芬奇已经把科学研究的心得很好地运用到艺术创作中来了。他已经具备多种多样的兴趣和专长，拥有缜密的观察能力和出色的表现力。达·芬奇既要用艺术家自由的语言来描绘这些事物，又要求表达它诸多因素的准确性。

达·芬奇作为一个锐意进取的、创新的艺术家，已经形成了自己的绘图风格，这种风格把他和15世纪大多数具有刚劲风格的佛罗伦萨画家明显地区别开来了。

关于达·芬奇在第一佛罗伦萨时期的创作，特别值得一提的是巨型祭坛画《三王来拜》的草图。画长为246厘米，宽为243厘米。这幅画与菲利浦·利比的《博士来朝》和波提切利的《三王来拜》的内容一样，但达·芬奇却强调人物的内心活动。

另外，这幅画的构图也有不同于同类作品的两个显著特点：一是没有用传统的小舍或马厩为背景，而是以宏伟的建筑和辽阔的原野为背景；二是作者把前景登场人物和后景的兵马骚动作了强烈鲜明的对比。

画面前景以玛利亚为中心，她抱着裸体的婴儿耶稣端坐中央，前来朝拜的博士和群众围在她的周围，各人以不同的表情、动作和姿态对初生圣婴表示自己的崇敬心情。

后景左边是建筑物的廊、柱、台阶，右边为广阔的原野和山地。在后景的画面上还表现了希律王害怕耶稣来作为犹太国王取代他，派兵马对伯利恒的婴儿进行惨无人道的屠杀场面。

前后景以一株有稠密枝叶的树木隔开。画家巧妙地把前景的和平生活场景和后景的屠杀场面作了强烈的、戏剧性的对比，并力图揭示每个人物的内心活动。

在表现手法上，画家为了突出主要人物，把光亮集中在他们身上，以引起观众的注意，把散光分布于次要人物的身上。画家在作画时先把所有登场人物都画成裸体，然后再给他们"穿上"衣服，以力求达到人体解剖之精确。

达·芬奇这一做法对后来艺术家的创作起了示范的作用。由于作者无休止地追求作品的完美无缺，致使工作进展缓慢，后来又因别的事情耽搁，委托者不满，最终使这幅画停留在草稿上，未能完成。

1480年，有一个商人订了一幅《报喜节》。他接到画以后，看到画的是圣母在屋外得知喜讯，圣母跪着，望着微笑的天使。这一时刻，圣母十分欢乐，她身旁有盛开的百合，美丽的树林，小山脚下蜿蜒的河流，一片令人欢欣的景象。商人十分喜欢，他到处炫耀。听着人们对画的赞美，他扬扬得意，高兴极了。

有一个人很嫉妒他，也想画一幅《报喜节》，煞煞他的威风。于是达·芬奇又接到一份《报喜节》的订单，不过要求是要与第一幅完全不同。

达·芬奇丝毫不觉得奇怪，几天后那个人来看货了。他看到画面上天使若有所思，而且神情严肃。圣母听到喜讯十分惊喜。圣母的衣箱，翻开的书本，小桌，都用装饰纹样艺术地描绘出来。

买家抱着画满意地走了，以后两个人常相互攀比，好多人被拉来做见证，为了一争高下，他们还大打出手，这使达·芬奇就更出名了。他在自办的画室里潇洒自如，大获丰收。

在他自办画室的这一时期，他画的最出名的还是圣母，他不像别人那样把圣母画成威严的、悲伤的，或者沉思的样子。他画的圣母大多是欢乐的，充满真善美的，给人一种欢快的感觉和纯粹的美感。

经过不断的探索和实践，达·芬奇的画技慢慢成熟了，他也对佛罗伦萨感到越来越腻烦了，于是，萌生了到一个新世界去见一些新面孔的想法。

向米兰大公自荐

达·芬奇在绘画和做科学研究的同时,还迷上了摆弄各种乐器。

他招收了一个学音乐的徒弟,一个像他一样俊美的小伙子。两个漂亮小伙子穿着玫瑰色、紫色的天鹅绒外套,在佛罗伦萨街市上玩杂耍、变戏法、唱歌、弹琴。

达·芬奇勤于思索的头脑马上发现,用流行的木制琴弹唱伴奏,不能吸引观众。他要重新发明一种外表豪华又奇特的新式琴。几个月来,他闭门谢客,发明了一把新式琴。

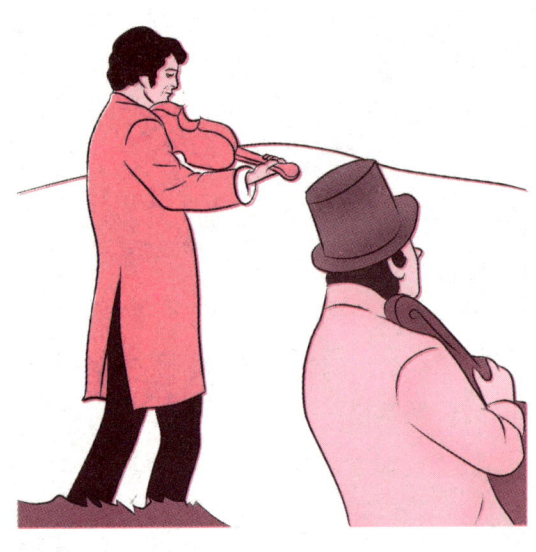

第二天,师徒二人来到市中心的广场上表演。达·芬奇美妙的歌声吸引了许多人围观。他拿出一把银光闪闪的琴,人们的目光被吸引了过去。

这把琴真奇特,外形像个马颅骨,纯银制成,上面还装饰着羚羊角、鹰爪和一些珍贵的兽皮羽毛。人群欢呼起来。这个银光闪闪的豪华琴让大家感到非常新鲜。

达·芬奇微笑着弹起了琴。人群中欢声雷动,原来这把琴是倒着弹的。

掌声、欢呼声惊动了路过此地的宫廷中人。佛罗伦萨大公的妹妹探头来看个究竟。她派人把达·芬奇师徒二人带进宫中。

"真是一把特别的琴！"她爱不释手地抚摸着琴，不停地赞叹。

一会儿，大公洛伦佐来了，他看到这把奇特的琴，也感到十分震撼。

"真是一把好东西。"大公沉吟了一会儿。他仔细地看了看这把琴，又试着拨弄了几下琴弦。

最后，洛伦佐决定买下这把琴，他给了达·芬奇一大笔钱。这使达·芬奇感到欢欣鼓舞，原来自己的发明创造也能变成有价值的东西。从此，他致力于发明创造的信心更强了。

1482年，达·芬奇听说米兰大公路德维柯·斯福查·莫罗是一位崇尚艺术、锐意进取的统治者，就开始寻思如何去拜会这位公爵先生了。

米兰大公路德维柯·斯福查·莫罗是斯福查家族的第三代子孙，他的祖父是弗朗西斯科·斯福查。

弗朗西斯科出身于平民，后来他做了雇佣兵队长，米兰大公危难之时乞求他的援救。

事后，米兰大公按承诺把女儿嫁给了他。米兰大公死后，米兰人发生暴动，最后弗朗西斯科依靠武力和计谋才取得权力。

事实上，斯福查家族都很残暴，弗朗西斯科的儿子在父亲死后做了大公，他残忍、淫乱，美女布满后宫，残杀无辜。

在他死后，他的二儿子莫罗计谋多端，阴险狡诈。他巧妙地夺取了政权，做了米兰的摄政王，也是最高统治者，而他的哥哥只有远走他乡。

莫罗抚育着侄儿，未来的米兰君主公爵列阿卓。为了霸占王位，他把侄儿教养成一个酗酒成性、大字不识、荒淫的无能之徒。

当时的意大利四分五裂，政局都很混乱，动荡不安，弱肉强食。

路德维柯·斯福查·莫罗从综合角度来看，还算是位比较贤明的君主。莫罗曾说："君主应该明智。他没有权利无所作为，而应当以臣民的福利和国家的安全为己任。荣誉——这是君主最神圣的东西。一个国君应当致力于伟大的事业。"

莫罗当政时,为了把米兰公国变成意大利最强大的城市,不惜钱财,将共和国最好的学者、工程师、艺术家都吸引到自己周围。他还发展经济,建立培养科学技术人才的大学,使米兰看起来比较兴盛。

但是,莫罗也是一位残忍凶狠的君主,树敌很多,使米兰仍然隐藏着叛乱的危机。

达·芬奇并不是不知道莫罗是一个暴君,但他也清楚没有哪一个统治者是仁慈的。在意大利,这么渴求荣誉,这么重视艺术,对科学技术这么感兴趣的君主恐怕非莫罗莫属了。

达·芬奇预感到,为米兰大公服务将能够使自己更有所作为。但是,他首先得征得佛罗伦萨统治者洛伦佐大公的同意。

达·芬奇去卡列吉别墅求见洛伦佐,谈了希望离开佛罗伦萨到米兰去的想法,然后请求面前的统治者予以同意。

一阵沉默之后,洛伦佐慢慢吞吞地用一种讥讽的语气说道:"我是不阻挠你的,伟大的艺术家。也许米兰大公会给你提供更有利的条件,或者使你产生更伟大的灵感吧!"

他又说:"我批准你的请求,并给你提供相应的路费。你要向我的兄弟莫罗大公转致我的敬意。当然,如果你在那儿待不下去了,还可以转回佛罗伦萨来,不过,要带着新的构想回来。"

就这样,洛伦佐·美第奇同意了达·芬奇的请求,这位佛罗伦萨大公的态度表明他并不重视达·芬奇。为了表示自己的慷慨大度,他还给了达·芬奇一笔足够的费用。

洛伦佐·美第奇之所以答应年轻的艺术家到米兰去,还有另外一个缘由,即可把这种事情作为与米兰友谊的证明,以此消除潜在的敌意。洛伦佐可谓是一个老谋深算的政治家。

征得佛罗伦萨统治者洛伦佐的同意后,达·芬奇开始给米兰大公莫罗写信。他列举出自己作为一个军事工程师的多方面才能，他相信这样一定会帮助自己得到为米兰大公服务的机会。

他在信中写道："最显赫的领主，我曾仔细地观察和考虑所有那些自称为战争工具的发明家和专家们所提出的证明，同时，发现他们的发明和所说的工具的使用，在各方面与日常所用者均无差异。"

信中，达·芬奇表现得不卑不亢，谦虚智慧又十分真诚地说："我并不对任何人有所偏见，胆敢与公爵您通信，是因为想把我掌握的一些秘密提供给您。"

达·芬奇告诉公爵，在战争时期"我通晓一种建造最轻便而又坚固的桥梁的方法。这种桥非常轻便，可以毫不费力地移动地方；借助这种桥可以追击敌人，而有时则可避开敌人。另外还有一点，这种桥不会被火烧坏或被恶战损毁，很容易、很方便拆开来和装上。当一个地方被围时，我知道如何从壕沟切断水路"。

"我有制炮的计划，非常便利而容易运送，可以像冰雹似的方式猛掷小石块。

"我也能制出不受攻击的装甲车，它可以携炮进入敌人密集的营阵里，没有任何一个武装能强大到不被它攻破。而且于其后，步兵将能没有任何反抗地跟进。而且，如果有需要，我能够制作异于一般所使用的各种形式又实用的大炮、重炮和轻炮。

"如果在某些地方不能使用火炮，我能提供空炮、射石机，轻便的踏梯和其他所用而有奇特功效的机器。简而言之，在各种不同环境的需要下，我能无限地供应任何的攻防机器。"

在信中，达·芬奇又说，在和平时期，"我相信不论在建造公私建筑，或从一地引水到他地，我都能给阁下任何建筑师所能提供的完全一样的满意。另外，我能在大理石、青铜或黏土上雕刻。绘画更是我的专长，在这方面我能和别的不管任何什么人相比。我能浇铸青铜塑像，这样的塑像可以作为大人一家光荣的永久纪念"。

"我认为，上面提到的这些事情有许多是别人无法完成的，但我却有能力，并准备在您的园苑里或您认为合适的地方进行尝试。"

这封信，并不是达·芬奇的自吹自擂，他的确在这些方面都做了刻苦的研究。信件寄出以后，达·芬奇开始等待米兰大公的回信，他决定一旦接到回复，将立即出发。

不久，达·芬奇果然收到莫罗的回信，莫罗邀请达·芬奇去米兰自己的宫廷任职。于是，达·芬奇收拾行囊，准备去米兰了。

临走之前，达·芬奇回芬奇镇去告别了自己的父亲。他已经很久没见父亲了。

达·芬奇很想知道，现在，孤身一人的父亲在家乡怎么样了。他还没想好怎么向父亲说自己要去米兰的事。"他应该会支持我吧？"达·芬奇想。

当已经明显更加成熟的儿子站在父亲面前的时候，已经是快日落黄昏的时候了。父亲也刚好从外面回来。他现在虽然老了许多，但是在家乡却很有威望，乡里乡亲遇到法律方面的问题仍然喜欢邀请这位老公证人出面解决。从马上跳下的皮得罗一眼就看见站在门前的达·芬奇。

"父亲！"达·芬奇立刻上前拥住父亲。

老公证人的眼睛顿时湿润了，儿子是他最骄傲的人，看着健壮成熟的儿子，他不禁想起自己的年轻岁月。尽管，他现在并不服老。

"你好，我的孩子，欢迎你回来！"皮得罗高兴地说着。一种奇怪的预感告诉他，达·芬奇这次回来一定是有什么事情。

于是，当父子俩走进屋，在椅子上坐下后，老公证人问道："孩子，你这次回来是不是有什么事要告诉我？你要结婚了吗？"

这么多年来，皮得罗最担忧的就是儿子的婚事。他已经30岁了，早已到了成家立业的年龄，但却绝口不提婚姻的事，也没看到他和什么姑娘有来往，这让皮得罗感到很内疚。

"不是，父亲，我暂时不会结婚。"达·芬奇语气肯定地说。

"为什么，亲爱的，你为什么不结婚？"皮得罗急了。

"不，父亲，我的意思是我还没有遇到与我心灵相通的女子。如果我结婚就一定要娶个这样的女人，您知道我崇尚的是精神之爱，而不只是为了欲望或者生育。"达·芬奇说。

"原来如此！"做父亲的知道，虽然善良的达·芬奇从未指责过自己，但事实是，他一直在为自己亲生母亲的事耿耿于怀。

出于过来人的经验，皮得罗不准备像当初自己的父亲对待自己那样，强迫达·芬奇去结成一个建立在利益之上的婚姻。"只要这个孩子幸福就好。"他希望儿子早日找到心爱的女人。

皮得罗自己就在不久前，为自己物色了第四任妻子。现在他开始觉得难为情了，不知道该如何向儿子启齿。

正当皮得罗犹豫之际，达·芬奇说话了，他小心翼翼地说："父亲，我这次回来是向您告别的。我已经接受了米兰大公的邀请，去做那里的宫廷画师。"

初听这样的话，皮得罗感到十分惊讶，"什么？米兰？时尚艺术之都？佛罗伦萨不好吗？孩子，还是你画室经营得不好？"父亲关心地问道。

"都不是。米兰大公正在招揽艺术家和工程师，他重用人才，我想到那里可以让我有番作为。"

"哦，好吧，你去吧！只要对你的事业发展有帮助，你就去吧！不用担心我。"

公证人心里感到有些失落，但是转念一想，如果米兰可以给儿子带来好运的话，他还是愿意接受儿子的选择。毕竟，孩子有他自己的生活，而自己也会活得很好。

皮得罗知道达·芬奇是放心不下自己，于是，如实相告："孩子，不必为我担心，去做你想做的事吧！我也有件事没和你说，怕你不高

兴，我给自己找了个新妻子，她叫卢克列茨亚。"

达·芬奇心里暗暗叹了口气，原来父亲又结婚了。"恭喜你，父亲，那么她在哪儿？我怎么没见到？"

"我把她锁在储藏室了，她可以在那里面做点家务。吃饭的时候，你就会看到她了。"

父亲不好意思地笑着说："你知道的，达·芬奇，姬妮是跟别人走的，我担心她趁我不在的时候，也与别人交往。"

达·芬奇感到哭笑不得，他真的很难理解父亲的生活。但是，得知父亲有人照顾，让画家心里感到了轻松。

"父亲，只要您感到快乐就好。现在有人照顾您，我可以放心了。我去米兰后，会常给您写信，告知我的情况的。"

晚饭时，达·芬奇见到父亲的新妻子。她年轻，样子还可以，就是不善于料理家务。

这个年轻的主妇系着一条沾满了面粉的围裙，热情地忙活着，但是却始终不好意思看达·芬奇一眼。

显然，她面对这个突然冒出来的这么大的"儿子"也感到十分难为情。

达·芬奇看见卢克列茨亚的肚子微微隆起着，看上去好像是已经有孕在身了，心里有种酸酸的说不出的孤独感。

达·芬奇隐约意识到，也许从很早以前，父亲的家就已经不算是自己的家了，故乡已经没有什么可以留恋的了。他开始更急切地向往米兰！

饭后，达·芬奇一个人来到阿尔别拉妈妈的墓前，想起她的音容笑貌，想起她对自己的好，心中充满了思念。

再见了，妈妈！再见了，芬奇镇！再见了，佛罗伦萨！

米兰时代

愚昧将使你达不到任何成果,并在失望和忧郁之中自暴自弃。

——达·芬奇

到米兰寻求发展

米兰，坐落在阿尔卑斯山口，是德意志和法兰西通往意大利的门户。

它以金属工艺品闻名，是意大利各城邦中实力较强的一个。这样一个工商业发达、科学技术进步的城市，对于渴望在科学领域有所作为的达·芬奇来说，这里有着他活动的广阔的天地。

画家刚刚来到这里，就被城市的繁荣和多样化吸引了。与佛罗伦萨比起来，米兰要更现代、更繁华。

在等待大公接见的日子里，达·芬奇像在佛罗伦萨时一样，没有丢掉自己的习惯：带着速写本，沿着大街和广场散步，把过往行人中那些特别突出的面孔和身影画下来。

达·芬奇走在米兰的街上，街上车来人往，熙熙攘攘，充分显示了这座城市旺盛的生命力。他忘情地欣赏着这个同佛罗伦萨风格迥异的城市，不经意间才发现，自己也在被别人欣赏着。

的确，这个同样生机勃勃的年轻人有着高高的个子、健美的身材和英俊的面孔，怎么能不吸引姑娘们的目光呢？

连日来，达·芬奇耐心地等待着大公的邀请，他已经下定决心要在米兰大公前好好表现一下，所以更加勤奋地练习歌唱和弹琴。

这一天终于到来了。一日，一位衣装得体的侍者送来宫里的邀请："请佛罗伦萨来的列奥纳多·达·芬奇先生，今晚到大公府上参加宫廷宴会。"

"谢谢大人！"达·芬奇兴奋地接下请柬。

"阁下，届时是你展示才艺的大好机会，就请好好准备吧！"侍者不忘提醒道。

宫廷宴会是上层社会的贵族、知识分子、艺术家们交际和展示才艺的地方，米兰大公也十分热衷举办这种宴会。达·芬奇在这方面有着丰富的经验，他在佛罗伦萨就经常是聚会的焦点。

这次，为了让米兰大公注意他、赏识他，达·芬奇还专门定做了一身别致的服装。

傍晚，达·芬奇穿上华美的宴会礼服出发了，这件衣服足以显示出他绝好的身材和睿智的气质。为了参加这次宴会，他还带上了自制的马头琴。

不多时，达·芬奇乘着雇佣来的马车便到了大公的城堡下。来到城堡前，他看见一座吊桥，整个城堡戒备森严，厚厚的城墙，坚固的塔楼，时刻有卫兵把守。

走过吊桥，通过城门，迎面是一个可以容纳上万人的广场，广场上已经停了许多来宾们的马车，有几个衣冠华贵的太太、小姐正在寒暄，刚刚下车的绅士们也在点头交谈，每个人的脸上都流露出喜庆的气色。

达·芬奇向宫殿里走去。大厅里，灯火辉煌，宾客满堂，贵族们个个身穿华服。仆人们忙碌地穿梭在其中，为达官贵人们服务。

这是一个豪华的大厅，镀金的天花板上绘制着精美的图画，墙上挂着名贵的挂毯，精美的塑像置于墙角，地上是精致的波斯地毯。乐队在一旁弹奏着悠扬的音乐。

达·芬奇接过侍者递过来的香槟酒，愉快地嗅了一下，人群中有人注意到了他，马上向身边的人打听："他是谁？"

"听说是佛罗伦萨来的艺术家，叫达·芬奇，歌唱得不错。"

"哦，你看他手里的那把琴，看上去好奇怪。"

"是啊，我也从来没见过。"人们窃窃私语着。

达·芬奇被请到专供艺术家们休息的偏厅。他见到许多向大公献艺的人，有歌手，他们在试唱，想求得大公的赏识；有画家，正在准备颜料，要现场挥毫；有诗人，准备了为大公歌功颂德的诗作；还有小丑，他们挤眉弄眼，想博大公一笑。

他们都是为贵族解闷的，这就是一个取乐的晚会。"我也算给别人取乐的吧？"达·芬奇自嘲着，心情有些沉重。

侍者来报，晚会开始了，人们又都聚回了大厅。在明快的音乐声中，大公一家走了进来，大厅里顿时掌声四起。

大公落座后，一个穿红衣服的人，开始了风趣的开场白，他用浮华的词句吟诵着大公的功绩，介绍每位今晚表演的嘉宾，达·芬奇也在其中。

最后一个出场的，是今晚的节目女皇泽兹莉亚。她是米兰大公当时最宠爱的情妇。她出身于米兰的贵族家庭，不仅是一位美女，而且文化修养也不错，懂拉丁文，也懂艺术，她气质高雅，是个罕见的有才气的美人。

此刻，泽兹莉亚高傲地坐在女皇宝座上，她明亮的双眸和颈上闪耀的钻石在灯下熠熠闪光。她的头上撑着金色华盖，两旁清秀的少年男侍持着鸵鸟羽毛扇。今晚最有魅力的表演者将获得由泽兹莉亚颁布的嘉奖。

时间到了，美人轻启朱唇，宣布：演出开始。音乐声又再次响起来，短笛、长笛、提琴、竖琴齐奏。美丽的舞姬们身着轻纱来到场上，翩翩起舞。歌手、诗人、音乐家争先恐后地献艺。莫罗看着这一切，扬扬得意地笑了。

歌手们夸张地歌唱着泽兹莉亚的美丽、高贵，但她只是不动声色地微笑；诗人们做作地吟诵着华丽的赞美词，莫罗早已听腻；音乐家们弹起流传久远的宗教音乐，莫罗和太太小姐们兴趣都不高。

轮到达·芬奇出场了。他先扣响一个悦耳的和弦，琴声清越，如一股清泉在山间流淌。大厅里顿时一片寂静。

达·芬奇唱的是自己编写的歌曲，他的歌喉婉转动听，像夜莺一样吸引了每个人的神经，使人们为之动容。一个美丽的爱情传说在艺术家的浅唱低吟中缓缓道来，有感情充沛的小姐忍不住掉下激动的泪水。

在他激情又温柔的歌声里，人们忽而深情，忽而哀怨。他充满智慧的歌词，让人回味和沉思。人们为他惊奇、感动……

一曲终了，掌声如雷。最后，达·芬奇在这场歌唱比赛中得到了最高奖赏。节目女皇泽兹莉亚从金盘中取出月桂冠，轻轻戴在艺术家的头上。米兰大公莫罗也十分欣赏这位出色的艺术家，他决定第二天接见这位英俊的先生。

第二日，达·芬奇早早来到大公的宫殿。米兰大公端坐在宝座上，周身缀满了珍奇的珠宝，像是在向这位初来乍到的艺术家炫耀自己的富有。

"达·芬奇，我很欣赏你的才能，今后宫廷宴会你要常来献艺。对了，你弹奏的音乐美妙极了，你用的是竖琴吗？"

"大人，这不是一把普通的琴，是我亲手做的七弦琴，我将琴头塑成了马头的形状。如果您喜欢，我愿意把它献给您。"

"很好。那我拿什么来奖赏你呢？这样吧，我将米兰郊区要塞和修道院之间的土地赐给你。你就留下来为宫廷服务吧！我每年会支付你一笔可观的薪水，如果你做得好，还会得到其他的赏赐。"

"谢谢您的赠予，慷慨的大公，我将竭尽所能效忠您！"

但是，达·芬奇并不满足只做一个宫廷画师或者乐师，他还有很多理想和计划。

于是，达·芬奇又说道："大人，事实上，除了音乐和绘画外，我还可以为您提供许多更有价值的服务。我可以设计建筑工程、水利，甚至军事机械……"

怀着想做一番事业的激情，达·芬奇开始滔滔不绝地向大公讲述着自己的各种构想。

达·芬奇看到,莫罗若有所思地听着这些构想。在他的脸上,时而表示出好奇的神色,时而又表现得不屑一顾。

最后,大公说:"我知道你很有才干,达·芬奇。我的宫廷需要你在艺术上的才干,非常需要。不过军事方面嘛,你还没有经验,要知道,打仗是件很残忍的事。"

莫罗毕竟是一位经验丰富的管理者。在莫罗心里,保守估计,达·芬奇应该只能说是在艺术方面有着某种天分。

也许,眼前的这位年轻人,确实对科学研究和发明创造怀有一种高涨的热情。但是,作为一个统治者,他绝不会冒险地相信达·芬奇可以成为文武双全的通才。因为,他还没有见过这样的天才。

但是,为了不打击艺术家的热情,他又圆滑地说:"也许,日后我要重新建设伟大的米兰,到时候就需要你这些发明创造了,努力干吧,先生!"

达·芬奇也知道,大公并不信任自己在军事和科学方面的才能,于是,不露声色地暗下决心:"我会证明给你看,我的想法都是能够实现的。"

达·芬奇来到莫罗赠予自己的封地上,这是一片周围有绿篱围绕的广阔原野。在这里耸立着修道院整齐的墙和一座由著名的建筑家布拉曼特设计建造的房屋。

修道院粉色建筑物的上面有一个阔大的圆顶,上面环绕的雕塑群像是一种非凡想象力的产物,博大精深,耐人寻味。

每一次,艺术家从这里经过,总要停下来欣赏这座建筑物的美好和博大,他很喜欢这个地方,对大公的馈赠十分满意。

达·芬奇在米兰安顿下来,创建了自己的工作室,一边搞研究一边教学。一些热爱艺术的年轻人慕名投到他的学院来。

达·芬奇首先建起了一幢宽敞的房舍,在里面安排了画室、他本人的住室和学生与助手的住处。在紧靠房子的地方，他盖起了一座小巧的建筑物，那是大师准备进行科学实验的地方。

科学和艺术是达·芬奇并重的两大事业。他继续从事数学、化学、解剖学、植物学、工程学和地质学的研究。为了从事喜爱的科学事业，达·芬奇甚至会放弃一些昂贵的绘画订单。

达·芬奇有很多方案，也做了很多模型，甚至机械，他打算穿通山岭。他研究过清除港口淤泥和从深处汲水的抽水方法。他曾利用杠杆、起重机、绞轮机说明举起、拖拽重物的原理，他希望在此基础上制造出更为先进的机械。

到这座城市不久，这位善于研究的科学家便发现了一种新的化合物。在生物化学方面，他所作出的一些新的结论，就是在我们这个时代，对科学来说也是珍贵的。

米兰，使达·芬奇感到如鱼得水，艺术家安心地在米兰生活下来。

为米兰宫廷服务

现在,米兰大公几乎每隔几天就要召见达·芬奇,但是与他谈的无非还是艺术设计和宫廷布置方面的事情。他总是要达·芬奇想出庆祝节日的服装,作抒情诗,或者满足他随便哪个方面的怪诞要求。

为了讨泽兹莉亚的欢心,大公请来达·芬奇为她画像。达·芬奇被领进泽兹莉亚的府邸。

"哦,真漂亮!"

在艺术家的眼里,泽兹莉亚的住所既富丽堂皇又充满了某种浪漫的文艺气息。达·芬奇看到花纹锦绣的波斯地毯,做工精细的丝绒窗帘和床上金光闪烁的锦缎帐幔交相辉映,房间里充满龙涎香的令人神迷心醉的气味。

好一派豪华瑰丽的格调!泽兹莉亚穿着华贵的服装,脖子上挂着夺目的珍珠和钻石项链,金色的头发高高盘起,一串钻石和黄金制作的头饰在发髻闪闪发光。她正焦急地等待着画家的到来。

"哦,达·芬奇先生,您来了!"见到达·芬奇,泽兹莉亚优雅地伸出自己的右手。

"夫人,能为您画像是我的荣幸。"画家礼貌地亲吻了女主人的手背。

泽兹莉亚满怀期许地说道:"先生,现在,我们可以开始了吗?"

出于专业的习惯,达·芬奇说道:"夫人,先不要急,让我们先来谈点什么,您知道我需要对您多些了解。"

于是,泽兹莉亚与达·芬奇愉快地交谈起来。其间,女主人还请达·芬奇欣赏了提琴演奏,悠扬的乐曲使得他们之间的气氛变得更加和谐。

这是一个十分年轻却又博学多识、充满智慧的女人。她天生具有某种高贵妩媚的气质，举手投足间显露出很好的教养。

当她与某个人说话的时候，美丽的眼睛会放射出温柔的光芒。画家禁不住想：恐怕，再暴戾的男人在这个女人面前也会变成温顺的小绵羊吧！

达·芬奇一边谈话，一边拿出速写本，飞快地勾勒着这个美人不同的神态。

对泽兹莉亚的个性有了感性的认识之后，达·芬奇说出了自己的构想："夫人，我想把这幅肖像设计成您正在聆听某种令人惬意的音乐，在您膝上有一只驯顺的小貂鼠，而您的纤细的手指正轻柔地抚摸着貂鼠的绒毛。您觉得这样可以吗？"

泽兹莉亚对这个创意十分满意。"我感觉好极了，先生，一切按您想到的画吧！"

达·芬奇开始集中精力作画了。他的绘画才能被调动了出来。他画出一双炯炯有神、顾盼自如，流露出无限柔情蜜意的美目。这双眼睛向每一位注视她的人传送出神秘的目光。她的猩红的小嘴轮廓分明，嘴角微微上挑，露出一种悠然自得的微笑。

达·芬奇日复一日地进行着泽兹莉亚肖像的绘制，美人的肖像被画得栩栩如生。

这幅画中的美女亲切、富贵，她白皙的双手在揉抚着可爱的小貂鼠。她好像听到了动人心弦的乐声，将手指不由自主地揉进貂鼠银色而柔软的毛中。那银鼠十分乖巧、温和。银白的毛，每根毛都十分清晰。

无论是在贵妇人的身上，或是在小兽的身上，一种优雅的温情被准确地表现了出来。女人抚摸貂鼠的那只手是那样完美，简直达到了令人惊异的程度。

达·芬奇给这幅作品取名叫《抚貂女人》，它是在1490年完成的。这幅画使达·芬奇轰动一时，在宫廷和贵族阶层间都在谈论着这幅精美的画像。达·芬奇很快成为米兰的贵妇人和小姐们议论的话题。

这些名门淑媛们对佛罗伦萨伟大的艺术家是如此感兴趣，都想有一幅出自这位大师手笔的自己的肖像或画幅，因此，来找达·芬奇画像的人络绎不绝。

佛朗基诺·加佛里奥是泽兹莉亚的琴师，经常为她演奏提琴。在这次给泽兹莉亚的画像工作中出了不少力气。他负责用音乐声调动女主人的情绪。

泽兹莉亚非常喜欢她的这位英俊的音乐家，她要求画家也为他画一幅肖像。于是，结束了《抚貂女人》的绘制之后，达·芬奇又着手在她那里绘制加佛里奥的肖像。

为了研究加佛里奥的面孔，达·芬奇还常去一家由他指挥合唱和演奏风琴的教堂，对他进行观察。

他很喜欢描绘这张严肃的、在稠密的栗色头发下的充满智慧的面庞。他要求乐师穿上带有咖啡色边饰的黑色天鹅绒衣裳，深色的衣服和褐色长发以及眼睛的色彩构成了一种非常协调的美。

虽然，每天为服务宫廷忙碌，达·芬奇还是坚持利用工余时间着手进行他早就想搞的水力机和宫廷照明机械的发明。

发明完成了，但是描绘琴师的画幅却不得不因更加重要的工作和源源不断的订货而中止了。达·芬奇接受了一个会社的委托,为某个大教堂祭堂的中央部分画幅圣母图。

经过反复的构思,达·芬奇决意把这幅画中的圣母画在风景的环绕之中。这样画起来会有些难度,就在他冥思苦想之际,大公又派人来找他了,达·芬奇不得不进宫去。

莫罗在他的雕花椅上对达·芬奇满脸笑意,他实在喜欢这个能干的艺术家,他每年赏赐给达·芬奇许多礼物,还给达·芬奇2000个金币。这可是一笔巨款,不过莫罗觉得很值得。

在莫罗身边坐着一位年轻女子,她是莫罗的近亲。此刻,女子正用她热切崇拜的眼光望着达·芬奇。达·芬奇发现这个女人脸上有一种纯真之势,很单纯,不矫饰,这是一种尚未堕落的女子特有的美。

莫罗介绍说:"大师,这是露卡列茨亚,她愿意付一笔厚重的酬金请你这个大画家为她做幅画,你愿意吗?"

达·芬奇对露卡列茨亚的美怦然心动。他有了创作的热情,这种单纯天真,他已经找了很久了,他欣然同意了这个请求。

达·芬奇给露卡列茨亚画了一幅画像。他将这位年轻女子画得天真单纯,对生活充满美好向往。露卡列茨亚高兴极了,她将达·芬奇请到宫中来,用重金酬谢了他。

"先生,我不知道该如何表达我的崇拜,如果我能为您做些什么,我一定非常乐意。"露卡列茨亚说。

"小姐,您太客气了。眼下,我确实需要您的帮助。我想请您为我的一幅圣母图做模特。"

"哦,先生,我非常荣幸!"露卡列茨亚慷慨地同意了画家的请求。

于是,达·芬奇以露卡列茨亚为他那幅圣母图的模特,画了一幅《岩间圣母》。过了一段时间,《岩间圣母》画好了,画家的学生们都来欣赏老师的这部作品。

大家来到画室，迫不及待地揭去画幅上的遮布。学生们被眼前的奇迹惊呆了，他们无法将目光移开这美妙的画幅。

他们看到这样的画面：在山洞里，奇形怪状的结晶体从洞顶垂下，花草从岩缝里穿凿而出，圣母、孩子和天使坐在地上；透过岩石之间的光线显出蓝色的天空；人体的轮廓在山洞的神秘的、潮湿的黑暗中逐渐模糊，而神秘的气氛和烟雾笼罩起来的面孔更显鲜活。

圣母玛利亚给左手拿着金翅雀的婴儿喂奶。玛利亚慈爱地屈身倾向自己的儿子，细心地照管着他，为自己的宝贝而充满骄傲。一切都显示着她的青春与健康。她被深厚的快乐感情笼罩着，那就是母性的快乐。

这组人物安排，艺术家按金字塔原理组成。顶端是圣母美丽的头，侧边是她伸开的温柔的手，底角是天使和婴儿。

达·芬奇在这幅画中第一次不只是简单地以风景为背景画出一组人物形象，而是以景物环绕于人物周围。风景第一次扮演了重要的角色，使画有了一种别具一格的诗意。

学生们屏住呼吸细细地研究着老师的布局和技法，琢磨着老师的每一个想法和每一处落笔，画室里安静得甚至能够听到心跳的声音。

达·芬奇也感到十分兴奋，虽然他无数次地听过行家们的称颂和大人物们的赞许，但那又怎能和这些淳朴、诚实的年轻人的激动相比呢？

年龄最小的学生脸蛋涨红地说道："老师，太美了！太美了！了不起……"

与学生们感受到的一样，《岩间圣母》后来成为了达·芬奇伟大绘画中的一幅，仅次于《最后的晚餐》的杰作。

这个时候，王宫里面又开始张罗米兰大公的侄子列阿卓公爵的婚礼了。

虽然，一直以来，为了夺取侄子的继承权，摄政王米兰大公把列阿卓培养成一个胸无大志、酗酒、胡闹的可怜虫。但是，如今这可怜虫已经19岁了，大公要为他张罗一门亲事。

莫罗深知侄子列阿卓才是米兰公国合法的继承人，而自己只是个摄政公爵。为了更好地控制列阿卓，他决定把自己姐姐的女儿嫁给这个傻瓜。

1489年，米兰公爵列阿卓·斯福查正式结婚。莫罗为了表现他对侄儿的疼爱，投巨资举办一场豪华的婚礼。

达·芬奇日夜不停地设计新婚夫妇新房的拱门、洞房，为房间绘制壁画，设计装饰品，甚至包括婚礼时白马的马具，还要为婚礼设计宫廷礼服。

莫罗大公还对达·芬奇提议说："大师，我知道你懂机械，就请你做一个奇特的机械，作为婚礼的特别礼物吧！"

于是，达·芬奇又要为这个提议绞尽脑汁。

经过冥思苦想，最后，达·芬奇果然设计出一套在宫廷表演的石头机械，取名叫"天堂"。

在豪华的婚礼上，一个巨大的圆球摆在大厅中央，圆球周围围绕着许多小球，像是众行星围绕着地球。当时，人们认为地球就是宇宙的中心，行星是围绕地球转动的，达·芬奇这套巨大模型的灵感正是来源于这个理论。

当围绕地球的各个行星运行的时候，有颗行星突然停在新娘面前，音乐声如潮水般涌起。

在音乐声中，一对盛装男女向新婚夫妇献上祝福的赞歌……

这套机械实在让人们惊叹，莫罗大公感到非常满意。坐在贵宾席上的达·芬奇这才松了一口气。

时过不久，大公莫罗也结婚了。虽然，他已经把合法继承人、他的侄子阿列卓调教成一个酒鬼，又为他娶了妻子，可是仍然不放心，害怕有一天侄子会登上大公宝座以取代自己。于是，他自己便急急忙忙地也结婚了。

莫罗这次新娶了一个16岁的少女,她叫贝亚特丽斯。由于达·芬奇有卓越才能,他又被安排了许多工作。

接下来,达·芬奇需要耗费许多时间为年轻的新娘制作精美的腰带,为比武的战士和宴会设计道具和服装,还要组织游行和为马厩做装饰,他还为婚礼装饰了一个跳舞厅。

总算等到婚礼结束了,达·芬奇以为这下自己可以好好休息了。但是,贝亚特丽斯却派了个少年男侍来找达·芬奇。她一边梳妆一边和达·芬奇说话。

"先生,我喜欢列阿卓的房间,我想让你为我设计一个特别的浴室……

"先生,夏天快到了,我要在花园里建一个可爱的小亭……

"先生,大公的生日要到了,你给宫廷庆典绘几个房间好吗?"

达·芬奇只能一一应承。心中却叫苦不堪,自己的那些伟大的研究恐怕又要被耽搁了。

达·芬奇完成了贝亚特丽斯一大堆鬼点子后,终于可以歇一歇了。他闭门不出,关门谢客,想好好休息两天。

这天,有位不速之客来访,达·芬奇不得不接待她,她正是昔日集万千宠爱的,美丽、高贵的泽兹莉亚。

现在大公有了新欢,泽兹莉亚已经不太受宠了。达·芬奇发现她依然高贵典雅,神色比从前更为平和,也更为端庄。

"亲爱的达·芬奇,我是来向您告别的,我要离开这个让我痛苦的城市了。"

达·芬奇不解地望着她。

"先生,在我心底一直把您当作我的朋友,也许您认为我不配。"泽兹莉亚继续说。

她看上去显得十分悲伤而又兴奋。"从前,我由于软弱无依,只能委身给那个暴君,这是我这一生中最大的耻辱。"

"不要这样说,夫人,您永远是高贵的、与众不同的……"达·芬奇连忙安慰着。

"谢谢您的仁慈,亲爱的先生,您比我更清楚那不过是一种做作的高贵罢了。"泽兹莉亚自嘲道。

她接着说:"不过,现在我自由了!我决意离开米兰,离开莫罗,去过一种真正的纯洁的生活。"

听到这些话,达·芬奇对眼前的这个女子肃然起敬。

"在离开米兰之前,我想请您以我为模特画一幅圣母,而且圣母要和圣子在一起,她高贵、纯洁,充满母性之爱。"

达·芬奇为泽兹莉亚的勇气感动了,他诚恳地回答道:"好的,尊贵的夫人,我愿意为您效劳。"

于是,达·芬奇放下手中所有的事情,专心致志地为泽兹莉亚绘画。整幅画用胶彩画成。这幅画定名为《哺乳圣母》,堪称是美术界的艺术瑰宝,现藏于俄罗斯艾尔米塔日博物馆。

达·芬奇以较少的柔和和较多的细部描写,展示出主人公极富热情的母性光辉。

画面的圣母面容安详,眼神温柔,但是仍然可以看出她端庄表情背后的欣喜,那是一种孕育了新生命的喜悦,在这种喜悦背后,是一种对未来的遐想和欢欣鼓舞。也许,这也正是泽兹莉亚当时的心情吧!

绘画结束后,泽兹莉亚便悄悄离开了米兰。

未完的青铜雕像

一天,米兰大公又召见达·芬奇,来到金碧辉煌的大公府上,画家见到莫罗正襟危坐,好像有什么重要的事情要找自己商谈。

"你真的会铸造斯福查纪念铜像吗?"大公问了一句。

好兆头!达·芬奇想,要抓住这难得的时机!他立即回答说:"当然!大人!"

大公微笑着说:"嗯……我说的可是很大很大的那种……"

"是的,大人,请给我两年时间,您一定会看到一座巨大雕塑,它将是意大利独一无二的,也将是世界独一无二的!"

达·芬奇充满自信地说,那语气分明告诉大公,造塑像非他莫属,只有他,列奥纳多·达·芬奇,才可以完成这一光荣而艰巨的任务。

大公点点头,他已经从女眷们栩栩如生、神态诱人的画像中看出达·芬奇的实力。"好吧,我委派你任宫廷雕塑师一职,负责弗朗西斯科·斯福查公爵的青铜塑像。"

于是,达·芬奇在米兰担任宫廷画师的同时,又开始创作莫罗让他制作的巨型雕塑,为的是赞颂公爵的祖先。

大公在城堡外选择了一块空地,让达·芬奇作为工场,准备开工。为了这座雕塑,达·芬奇废寝忘食地努力工作着。

达·芬奇先设计雕塑方案,最后确定了两个方案:一个是准备出发的马上,骑着骄傲的胜利者;另一个是跃起的马蹄下,被打翻在地的敌人。两个方案他举棋不定。

达·芬奇将方案禀告大公,请大公定夺。莫罗斩钉截铁地说:

"给我的祖先歌功颂德，雕塑敌人干什么？"于是达·芬奇选择了第一个方案，准备出发的马。

达·芬奇开始设计草图，他画了无数匹各种形态的马。保存下来的草图多少向我们揭示了艺术家的探索。这里有奔跑的马，也有静静站立的马；这里还有一系列对马的细部精雕细刻的素描：它的臀部、它的脚、它威武地转向各种方向的面部。

除了马以外，还有人，人的形象更为复杂。达·芬奇知道这位弗朗西斯科·斯福查公爵既是一个粗鲁的大兵，也是一个冒险家，他还是狐狸一样狡猾的外交家，一个小心翼翼的统治者，一个戴着仁慈面具的暴君。

该怎样表现这个人物的形象呢？这又让达·芬奇绞尽脑汁。为了将来的塑像，达·芬奇孜孜不倦、认真地工作着。在这些草图里，形象显现得越来越完善。

几个月后，他公布了自己的计算结果和设计方案：铜马高 45 英尺，重 20 万磅，人物高 35 英尺，重 10 万磅，可以说是一座"伟大的巨像"。计划需要青铜 80 吨。

人们大吃一惊，意大利半岛为之轰动，酒馆里的人们谈论着。

有人说："这简直不可能！"

也有人说："他简直就是一个吹牛狂！"

还有人居然打起赌来，说："嘿！如果他真能办到，我把我的脑袋拧下来给你！"

……

总之，大多数人都不相信达·芬奇，只有少部分人在一旁小声地反驳着说：

"不！我相信他不是吹牛狂，他真的能办到。不信，咱们走着瞧！"

于是，大家都静静地观察着事情的进展。

时间不知不觉地过去了，艺术家越来越感觉到这个任务的艰巨性，因为尽善尽美是他的创作原则。

达·芬奇工作的时候，不喜欢被人打扰。但是，能不受干扰地进行工作，那简直是妄想，因为莫罗大公随时都会派人到达·芬奇这儿来："公爵请您到他那儿去，先生……"艺术家只得懊恼地又丢下手头的巨作到宫廷去。

这位艺术家要陪莫罗和他的姬妾们谈话，他俊秀的外表，优雅的谈吐很讨这些女人的欢心，何况他还有音乐才能。

达·芬奇还要设计宫廷舞会，城市化装游行，为大公的女眷们装饰衣服，绘壁画和肖像。画肖像是达·芬奇最头疼的事了。

在如此干扰下进行艺术创作，谈何容易。达·芬奇十分痛苦，但他必须忍耐这种痛苦，艺术家必须具有巨大的忍耐力。

就这样，塑造"伟大巨物"的工作长久地被拖延下来。巨塑迟迟不能完成，还有另外一个原因，就是莫罗对自己一时开心提出的塑像工程已经冷淡了。他变得吝啬起来，付钱总是拖拖拉拉，有时，甚至还会说些不高兴的话。

顶着多方面的压力，直到1493年，达·芬奇终于把弗朗西斯科·斯福查的泥塑模型完成了，只剩下铸铜的工作。

这座塑像莫罗当初希望比达·芬奇的老师维洛基奥为威尼斯所作的柯列尼奥的塑像还要宏伟。达·芬奇现在做到了，他的野心被激起，并为完成这件相当困难的工作引以为傲。

11月，模型在广场展示。莫罗的侄女玛丽亚的婚礼行列在塑像前走过。

四面八方的米兰人赶来目睹塑像的雄姿，人们惊异于这个伟大巨像的体积和壮丽，还有它栩栩如生的形象。英勇的战马，正等待主人的旨意，仿佛随时就会奔跑起来；他的主人，那个能征善战的骑士双目炯炯有神，眼神严厉地望着前方。

诗人们纷纷写下十四行诗赞美它。而且，人们都相信，当这座巨型雕像被浇铸后，在力量上和生命上将凌驾于维洛基奥和其他人之上。

但是，它却一直没有被铸铜，因为莫罗舍不得拨出所需80吨铜的费用。达·芬奇也忙于艺术、科学和实验。但人们每天都会去看它，塑像下面，人们看见达·芬奇写的字刻在上面："心灵在颤抖：塑像快竣工。"

另一行字是："让沸腾的铜水听得一声喊：上帝哦！"

直到1499年，塑像仍未浇铸，就这样经过几年的风霜雨雪，黏土做成的庞然大物在宫廷广场上慢慢地裂开着、剥落着，无情的时间在毁坏它。

终于，在这年的9月，法国人占领了米兰，巨型雕像被全部破坏了。被亲眼目睹这座塑像的人们称作"奇迹"的巨塑，今天我们只能从其草稿上得其大概了。

从事科学研究

了解达·芬奇的人都知道,他就像一个在花丛中飞来飞去的小蜜蜂,忙碌又勤奋地从这门科学飞向另一门科学。所有的科学都像散发着花香的花朵吸引着他,大师的一生都处在这种极其旺盛的好奇心的支配中。

那个时候,意大利还没有闹钟,但是达·芬奇却需要掌握好每一天的时间,以最大化地利用它。大师的脑子灵活机敏地转动起来,他要为自己发明一种计时装置,来为自己服务。

茶饭不思、睡眠不香,达·芬奇苦苦地思索着。他想,这个装置必须由两部分组成:定时装置和机械装置。定时装置负责计时,机械装置负责发出声响以惊醒酣睡之人。开始的时候,大师想用沙漏作计时装置,可沙漏无法带动机械部分。

受沙漏的启发,达·芬奇茅塞顿开!是的,可以用水代替沙子啊!达·芬奇为自己的聪明才智兴奋不已。

大师开始在笔记本里绘制这个计时装置的图纸,创造的火花不时迸发出来。在他的实验室里堆着各色传递装置:杠杆、轮子、吊轮、绳子、瓶子。达·芬奇反复地操纵着这些装置。

达·芬奇的"闹钟"终于发明创造出来了!这个装置的原理大概是这样:在酣睡者的床脚架上固定一个水管,让水管慢慢向一个盆子里滴水。水盆挂在一根管状杠杆上,杠杆的另一头还有一个水盆。

当第一个水盆里滴水积到一定深度时,水盆就会往下沉。管状杠杆的另一头就会被抬起来,水浅的那个水盆里的水就会自然流光。当杠杆高高抬起,到一定重力时,就会猛地打击睡觉者的双脚,这样,就把酣睡者从睡梦中惊醒了。

末了,大师在这张设计图下写上这样一句话:"此钟专供珍惜时间的人使用。"

由于当时没有自来水,水管吸水很不容易,这个计时装置用起来还是会有些麻烦的,但是达·芬奇超前的创造力却是值得赞扬的。

为了完善和减轻工人和手工艺人的劳动,帮助驾驭大自然的力量。作为科学家与艺术家的达·芬奇还在米兰完成了一幅表现宫廷军械库工作场景的草图。

图上一排赤身裸体的工人,手拉着长长的杠杆,为了增大拉力,双脚奋力支撑着。图上表现出来的沉重的机器与紧张的肌肉,恰当地抓住了力量的内在统一,也抓住了紧张状态下的人体的美。然而,这已经不是角斗士的古典美,而是艰苦劳动的交响乐章。

在米兰,达·芬奇继续从事一系列的力学、化学与工程学方面的研究。在深入了解了驰名欧洲的佛罗伦萨毛织车间手艺人的劳动之后,他还作出了脚蹬纺车的设计方案。

来到米兰后,达·芬奇还继续研究运河系统的设计方案,认真分析改善船舶的装载、运输条件,终于使他在佛罗伦萨时便已开始的研究得以付诸实施。

他的科学研究还包括如何利用水力、风力、太阳的力量。他对植物、水、太阳和土壤之间关系所做实验的规模是前人所未曾达到过的。

达·芬奇的实验室里还摆放着许多土壤和山上岩石的样品。通过岩石中的一些贝壳化石,他得出了一个重要的结论:意大利地域有一段时期曾经是海洋。

充满幻想的科学家还记着初来米兰时,大公说过想重建宏伟米兰的话。为此,他设计了一系列建筑方案,为新城市设计"干净而且气味新鲜的""池内不留粪便"的厕所;设计"厕所里散发臭味的通气孔"；还有一种座位可以移动的便池；还设计出一种螺旋形的楼梯，用来帮助解决米兰市民爱在楼梯平台休息的坏习惯。

达·芬奇创建了自己的学院，收了一些学生，指导他们绘画和从事科学研究。

达·芬奇有两位学生一直跟随着他，他们是两个15岁的少年，都是孤儿。一个叫卡普罗吉斯，是从街上捡来的，达·芬奇把他带回家，虽然他很笨拙，没有绘画天赋。另一个叫萨拉伊，也是孤儿，无家可归，但是样子十分讨人喜欢，达·芬奇收留了他，并收他做了义子。

达·芬奇对孩子们说："研究艺术应研究大自然，而不是模仿其他艺术家的作品。

"当你迈进绘画的领域时，你要注意许多的事物，但你要先特别注意一件事物而别于其他的事物。即使是没有价值的事物也要做出一些不同的东西来。

"醉心于快速，乐于容易的实践，不研究足够的理论的人，就像乘海上船，却没有舵，也没有掌握罗盘的海员。

"一个画家盲目模仿别人的作品，他就关闭了真知识的大门。因为他的志向是去增益别人的成就，而不是使师承增辉。

"静夜之中，你要努力回忆你所学过的那些东西，在心里画那些你在白昼生活中观察过的形象的轮廓。

"谁不会手脑并用，谁就成不了艺术家。"

之后，达·芬奇又投入到飞行研究中了。早在佛罗伦萨时，达·芬奇就绘画了一张关于直升机的想象图。

这是一个用上浆亚麻布制成的巨大螺旋体，看上去好像一个巨大的螺丝钉。它以弹簧为动力旋转，当达到一定转速时，就会把机体带到空中。驾驶员站在底盘上，拉动钢丝绳，可以改变飞行的方向。据说，这是最早的直升机设计蓝图。

现在，这位伟大的艺术家、发明家不满足于这种构想，他又画出了一种模仿鸟儿、蝙蝠和恐龙时代的翼龙，具有多个膜状翅膀的飞行器。达·芬奇设想人趴在上面，用手脚带动一对翅膀飞起来。为此，他需要做许多鸟类的解剖实验。

这天，达·芬奇在桌子旁绘制蝙蝠和斑鸠的平面图。一阵轻轻的敲门声把他惊动，达·芬奇知道这是铁匠到这儿来了。

铁匠叫佐罗阿斯特罗，他从佛罗伦萨跟随达·芬奇一起来到米兰。他在雕塑工场工作很久，技艺精湛。他很崇拜达·芬奇，而且忠诚于他。

达·芬奇很喜欢这个铁匠，喜欢他的憨厚，吃苦耐劳，也喜欢他宽厚有力的手，如雷鸣般的声音，魁梧的身材，虽然他只有一只眼，另一只眼被铁水烧掉了。达·芬奇非常信任他。

铁匠走进屋，手里拿着一只鹰，这是一种巨鸟，是达·芬奇早晨让铁匠去买的，他接过鹰，把它放在台子上。

这只巨鸟的翅膀有8尺长，整个屋子似乎都要被它占满了。达·芬奇仔细研究了这只鸟，这会儿，它正伸开巨翅躺在画家的脚边，这只已经死了的巨鸟仍像活着的时候一样，两眼露着凶狠的光芒。

达·芬奇曾为许许多多飞禽做过解剖，但为鹰这样的大鸟制作标本还是第一次。它的翼展怎么样？它的翅膀能有多大力量？达·芬奇都要参考这只大鸟的标本制作比较图。

"先生……"达·芬奇抬起头，见铁匠没有走，而且还一副欲言又止的神情。

"铁匠，怎么了？"大师问道。

于是，铁匠把藏在心中好久的想法说了出来。原来，他不能理解先生那么喜爱动物，还经常买来动物放生，又为什么忍心解剖一个又一个的动物呢？

达·芬奇听完铁匠的疑问，大笑起来，他告诉铁匠："佐罗阿斯特罗，我不让人们伤害、虐待动物和我将一些动物拿来解剖做实验是两回事。我解剖这些动物不是要残害它们，而是为了了解它们的构造，进行研究，为人类服务。

"我痛恨人类为了取乐而虐杀动物，或将动物圈在笼子里，让它们失去自由。人类和动物都是大自然的生灵，都有生存的权利。"

"那您是不是也会解剖人呢？"铁匠继续问。

"嗯，不过，我解剖的都是死了的人，解剖学是一门科学。我需要了解人的各种器官和构造，才能真实地表现人。就像你一样，不了解铁的特性，怎么打造它们呢？"

铁匠豁然开朗，他对眼前这位勇于探索自然奥秘的先行者更加敬佩了。"我明白了，先生。"他说完，便默默地退了出去。

于是，达·芬奇又开始忙碌、专注地工作起来。

达·芬奇常常这样一整天待在实验室里，尽心尽力地制作各种标本或者绘画各种草图。这位大师常常连续工作一整天而不吃不喝，并且对要他进餐而打断工作的学生大为不满。

达·芬奇潜心地进行解剖，实验室里已经有了几十张各种鸟儿的解剖图和标本，都是他亲手做的。为了解开飞行的奥秘，他在鸟儿的骨架和翅膀上不知投入了多少精力。

达·芬奇在米兰的实验室好似千奇百怪的博物馆。室内铺着石板，放着熔铁炉和许多桌子。

桌子的一个台架上，塞满了平面图和科学计算结果；另一个台架上放着一些杯子，杯中装满各种化学药剂，还有研钵、曲颈瓶、蒸罐、大玻璃瓶和其他仪器。

墙上有没有眼睛的稀奇标本，还有各种鸟的翅膀。角落处，有猴子和其他一些小动物的骨架。

当达·芬奇把标本完成的时候，太阳的余晖已经收尽，于是巨大的房间里爬满了各种奇特古怪的阴影，每当夜幕降临，他的实验室便显得阴森恐怖，这个大大的房间真有点像鬼怪故事里描述的情形。

于是，达·芬奇的那些爱嚼舌头的邻居和小酒店老板们就表示出不满。他们纷纷议论说，达·芬奇的行为有问题，他从不上教堂，不用圣水洒房间，更不做弥撒、忏悔和领圣餐。这样做的结果，就是善良的达·芬奇可能会被教皇开除教籍，甚至会背上"巫师"的黑锅。

流言蜚语让达·芬奇有时会感到异常的孤独。在米兰，以注重科学而著称的统治者只是对保卫他的政权的大炮，对能给这城市增加荣誉的铠甲和刀剑感兴趣。

达·芬奇常常忆起他的启蒙老师托斯卡涅里，他闭上眼睛，仿佛又看见了他，那个把火种永远留在他心灵之中的人。

对于科学的热爱，让达·芬奇无所畏惧，不管外界的流言，也不顾君主的不满，达·芬奇就像一匹犟脾气的马一样，什么也不能阻挡他研究发现和发明创造的激情。

《最后的晚餐》

《最后的晚餐》，这是在莫罗最心爱的玛利亚·德尔·格雷齐修道院内教堂的墙壁上创作的。

那时，米兰大公的侄子列阿卓公爵病情严重，已经到了无药可救的地步。据查，他是中了某种剧毒。人们议论纷纷，揣测各种原因。

实际上，毒害列阿卓的正是他的叔叔，米兰大公莫罗。这个野心勃勃的统治者被自己的私欲控制着，他为了霸占王位对自己的亲侄儿下了毒手。

列阿卓终于慢慢地死了，大公命令全城服丧。莫罗要求全米兰的教堂要不间断地举行追悼亡灵的弥撒。大公有所最心爱的教堂，就是玛利亚·德尔·格雷齐修道院内的教堂，他将侄儿就葬在这所教堂的墓地里。

修道院院长借这个机会告诉大公，修道院餐厅最远的一面墙上需要一幅圣画，以便让修道士们进餐时依然接受《圣经》的教诲、沐浴着天主的圣光。莫罗于是催促达·芬奇前去工作。

43岁的达·芬奇胡须已经有些发白，他并不想接这样繁重的劳动，但又不敢违抗公爵的命令，何况钱匣里的积蓄也不是很多。

达·芬奇还需要供养自己的义子萨拉伊。这个孩子是个长得很秀气却顽劣不堪的捣蛋鬼，叫大师既爱又感到失望。"他偷窃成性，说谎、固执，好吃懒做。他常偷钱，但要想让他认错，简直比登天还难。"这是他写在笔记本上的评语。

此时，为了节约财政和缅怀侄儿，公爵坚决禁止铺张的喜庆活动，达·芬奇只能在宫中游荡、无所事事，如果不服从命令就会被解雇，他和萨拉伊该怎么办？达·芬奇只能接受这个任务，签了合同。

经过修道院修士们的讨论，为了适宜饭堂的环境气氛，这幅画定名为《最后的晚餐》，是一幅有关《圣经》的画。

文艺复兴早期的画家们在《最后的晚餐》中，一般都让一排人坐在桌后面，互不相干，同一姿势重复出现，而将叛徒犹大隔开单独安排在桌子的另一面。

因此，在构图上，给人一种不真实、不自然之感，何况把尚未暴露叛徒行为的犹大，主观地放在受审判的地位，也是不符合实际情况的，所以，艺术效果很差。

但达·芬奇摒弃了这种结构。达·芬奇高明地把叛徒置于一群可爱的门徒之中。叛变的人隐藏在朋友中间，让人一下子看不出来到底谁是叛徒。

达·芬奇选择了晚餐中最令人激动的一瞬间。全画构思的中心是耶稣，他被窗外散射进来的光线突出出来，突出点是他的头部。门徒对称坐在两旁，每边6人，照例是3人一组。

耶稣对门徒说："你们当中有一人将出卖我。"他说完，便无可奈何地把手放在桌上，沉默下来。耶稣的话如同向平静的水里投了一块巨石，顿时激起轩然大波，在本来静寂肃穆的气氛中，引起了极为强烈的反响。

每一个门徒都怀着害怕或恐怖震惊地问："是我吗？"

这是紧张的一刻。这一刻，将显露出13个不同的灵魂。这13个性格迥异的人物，绝不雷同和重复。而每个人表现出来的感情，达·芬奇都要让它符合不同人的性格气质，这是一项极大的挑战。

特别冲动的是坐在耶稣左侧的3个门徒。他们形成了紧密相连的一组，似乎受一个统一的意志支配着。年轻气盛的菲利普忽地从座位上跳起来，困惑不解地望着耶稣。老成的雅可夫抑制着愤怒，摊开双手，同时向后仰了仰身子。福马举起一只手，好像要急于弄清所发生的事。

在耶稣另一方的几个人，则每人在不同的精神状态中。他们离中心人物有一大段距离，他们的动作要矜持些。犹大急转过身子不安地抓住钱袋惊慌地看着耶稣。

犹大阴暗、丑陋、粗俗的侧面轮廓，被从明媚的日光照耀的其他人面孔中明显地突出出来。他紧握着装钱的钱袋，紧张地等待着叫他的名字。

恰如达·芬奇一语中的：灵魂应该通过手势和动作来表现。

达·芬奇开始全身心地投入《最后的晚餐》的绘制了。他着手准备素材，要找到10多个人物的形象实在不是件轻而易举的事情。

他首先来到曾给他提供过许多速写素材的兵器制造工场，虽然这儿的人物形象和年岁各异，但很多方面却与他所要求的相去太远。

也许这儿可以找到皮鞭下的奴隶或者某个巨人的形象，因为人们的脸上印着悲伤的痕迹，可是达·芬奇需要的却是笃信宗教的虔诚的面孔。

大师决定到广场，到城郊的人群中去寻找。他现在尤其需要两副面孔：一个是完美的化身，超凡脱俗、充满爱的耶稣；另一个则是变节、贪婪的犹大。

达·芬奇串遍整个米兰找有个性的头型和脸谱，他带着速写本、铅笔，沿大街漫步，他过广场，进闹市，看到有特色的人就迅速地画下来。人们并不反对被达·芬奇描绘，有些人还引以为豪。

意大利人是容易接近

的人民。达·芬奇常常稍稍掀一掀帽子，客气地对任何一个不相识的人说道："先生，你愿意和一个谦恭的画家喝一杯吗？您的面貌真讨人喜欢，我想您不介意我把您的面孔留在我的画本上吧？"

在这种情况下，不相识的人总会接受他的邀请，于是画家在就近的小店里买上两份好酒，从腰袋里掏出速写本，画起速写来。

达·芬奇在市场上那些商人中间，会碰见一些令人感兴趣的面孔。意大利的商人也许与世界上任何地方的商人都不一样，他们似乎不懂得和气生财。他除了扯着嗓门夸耀自己的货物以外，动不动就和顾客吵架，有时候那情景真值得一看。达·芬奇暗想，如果使这些神态各异的面孔上出现恐惧的表情或者狂喜的笑容，那会是一件有趣的事。

他曾经给进城赶早市的农民讲过一些滑稽的稀奇古怪的故事，这些故事有的是奶奶讲给他听的，而有的则是他灵机一动编撰出来的。

周围挤满了人，他看见这些淳朴的听众脸都笑得扭曲了。讲述者的想象力被激发起来了，笑声越来越高，同时，速写本里也就出现了越来越多哈哈大笑的面孔。

不过，画家不仅需要那些有趣的形象和明朗的笑容，而且也需要恐惧的表情。当人们正在开怀大笑的时候，达·芬奇常常突然沉默下来，伸直脖子，两眼露出恐惧的光芒。那些紧紧盯着他看的观众不知发生了什么事，也不由得拉长了脸，显出一副恐惧的样子。

"先生们，"达·芬奇压低声音对站在他旁边的那伙刚刚还在捧腹大笑的商人说道，"请看好了，我现在拿的是什么东西……"

他把一件稀奇古怪的东西放在了装货的大车上。商人们害怕极了，他们从未见过这样可怕的东西。这不可能是地上生的，说不定它是来自地狱里的怪物呢！

实际上，这吓人的东西是达·芬奇用胶皮做的，里面灌满了水银，水银的流动使这稀奇古怪的东西扭动了起来。画家有时还把"地狱里的怪物"带到小酒馆里,他把一些偶然在街上相识的人召到那儿去。

"看,这多可怕!"他突然大叫一声,指着在桌上蠕动着的一个像蚯蚓或蛇一样的东西。它似乎要从桌子上跳起来。

聚在小酒馆的那些傻头傻脑的围观者,害怕地散开,退到门那儿,最后拼命地跑了。而速写本又画满了由于恐惧和绝望变成畸形的脸孔的速写。

工程十分缓慢地进行着。画家的心灵里充满了追求艺术的崇高和庄严,他的大眼睛太敏锐、太善于发现作品的瑕疵和不足了,他不断修改着前一天画好的部分。他的头脑又转得太快,太善于形成新设想、新构思,这些原因使他开始画得相当不顺利。

他常常在天刚亮的时候,就跑到修道院的食堂开始工作。从早到晚不停地描绘,爬上爬下,甚至会忘掉吃饭的时间。但有的时候,他又会在那里一连待上几天,却连画也不碰一下,忽而趋前,忽而退后,抱着膀子伫立在那里,以批评家的眼光凝视着画面,思考着如何下笔。

有好多次,他正在家中的工作室忙着,却好像忽然想到了什么,急忙放下手头的工作,在中午最热的时候跑来画画,却又在画了几笔后,匆匆走开去。

在1495年至1498年的几年间,达·芬奇断断续续,画画停停,时而工作时而闲荡。大公和修道士们对他不可估计的拖延感到十分不快。

修道院院长一看见达·芬奇站在墙壁边冥思苦想而不动画笔,便不耐烦地踱着步子,并不时地凑上前催问。

在艺术界里,那些妒忌达·芬奇的人们也不时地提出各种非议,认为他所做的工作大多是有始无终的,这次也极有可能完不成任务。

但是,这些干扰都没有改变达·芬奇追求艺术完美的态度,他仍

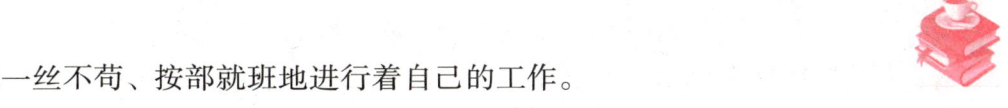

然一丝不苟、按部就班地进行着自己的工作。

时间一天天过去了,3年的期限马上到来,饭厅墙壁上的油画还没有完工。大公变得不耐烦了。

1497年6月,他给总管大臣写了个通知:"告诉那个佛罗伦萨的达·芬奇,要他赶快完成修道院墙上的那幅画。"总管和修道院修士们也不断地督促着,用解聘来威胁着画家。

1498年,这幅伟大的作品终于完成了。为了先睹为快,莫罗大公一早便来到德尔·格雷齐饭厅,只有列奥纳多·达·芬奇陪着他。

《最后的晚餐》上面仍用粗麻布遮盖着,画幅前是横七竖八的脚手架。一个从饭厅里走出来的僧侣没有认出以斗篷遮面的公爵,只是冷冷地瞥了画家一眼。

大公跟在达·芬奇后面登上了脚手架。"现在,先生,你可以让我看一下你精工细作的宝贝了,我已经迫不及待了。"大公略带愚弄地说。

"大人,我相信它不会让你失望的。"画家胸有成竹地微笑着,随即揭去了粗麻布。

莫罗大公顿时呆住了,双眼一眨不眨地盯着眼前的画幅。在他的前面是餐桌和墙壁,在餐桌后面的是耶稣和12个门徒,这场景就是《新约》上说的耶稣和他弟子们的最后一次晚餐。

这墙壁虽是画家的笔画出来的,但好像是饭厅的延伸一般。达·芬奇充分运用了透视学原理,使水平线和画中的人物、桌子构成一致,就像观者自己也参加了这次晚餐一样。

"啊,简直不可思议!"米兰大公感慨着,"达·芬奇,快说说,你是怎么做到的?"

《最后的晚餐》问世后,在整个意大利引起了轰动,画中人物栩栩如生的神韵透过画面光华四射。达·芬奇通过大胆革新和辛勤创作,突破了前辈的局限和不足,终于在艺术上取得了辉煌的成就,成为家喻户晓的人物。

可惜的是，达·芬奇偏好用晦暗的色彩混在胶质物里作颜料在干墙上作画，这个方法允许他沉思和试验，所以这些颜色只是并不稳固地附着在墙壁表面上，又因为饭厅的潮湿和偶尔大雨造成的水患，在达·芬奇生前，这幅画已开始成片地剥落或掉下了。

1536年，它已经模糊不清，1558年时，它已失修毁坏。1656年时，修士们在门徒的腿的部分，开了一个通往厨房的门，更加速了它的毁掉。

我们今天看到的这幅画作，其实是达·芬奇的一个学生不完美的复制品。然而，不管现在留给我们的这幅画缺点如何，《最后的晚餐》仍被公认为文艺复兴时期所能产生的艺术品中最伟大的绘画。

风雨飘摇的米兰

米兰大公的夫人贝亚特丽斯是个除了享乐以外没任何爱好的人，她甚至想不到偶尔做一两件善事，就像其他的贵夫人那样。另外，她残忍的个性还使不少人死在她的手下。

在一次狂欢的舞会之后，公爵夫人忽然病倒了，那是因为在舞会上，她跳舞跳到了无法自制的地步。

在病榻上，她忆起了那些因为没有讨好她，被她打发到另外一个世界的人们，她想到了死，想到了可怕的地狱。于是，夫人给玛利亚·德尔·格雷齐修道院送去了丰厚的赠礼。

教士们对公爵夫人的"慷慨大方"既大惑不解，又感激涕零，于是便不断地祈祷，期望她早日康复。然而，没等多久，米兰的钟楼却敲响了她的丧钟。

莫罗大公悲痛万分，哭得好像疯了一样。他极尽豪华地安葬了贝亚特丽斯。在这期间，他不见任何人，除了达·芬奇。

大公对画家说："哦，大师，只有你能够建造出一座与她相称的陵墓！我请求你，不要吝啬材料并尽快完成这个！"

"遵命，大人！"达·芬奇匆匆领命。

经过苦心安排，达·芬奇主持了一个规模盛大的葬礼。在浩浩荡荡的送葬队伍的最前面有打着黑色丝旗的先导，哭丧着脸的骑士们骑在披着黑色马衣的马上，举着祭幡，紧随其后。

教士们抬着贵重的大烛台，上面用黑色的饰带缠着6英尺长的沉甸甸的蜡烛。整个宫廷和居住在米兰的全体显要和外国友人都参加了这次葬礼。

公爵夫人贝亚特丽斯的离世不知是否预示着什么。

1498年她死后,莫罗大公非常悲痛,减少了许多娱乐活动。但是,米兰政局已经开始动荡不安,法国又虎视眈眈。

大公为了外交和军事需要把财政都拢在自己手中,一方面增加税收,令百姓苦不堪言,怨声载道;另一方面却紧缩财政支出,停止了支付像达·芬奇这样的宫廷艺术家的薪水。

好在达·芬奇还有点积蓄,他为能有时间搞他的研究,感到很欣慰。

这是1496年,达·芬奇一边画着那幅《最后的晚餐》,一边准备他的飞行器试验。他的一种类似鸟的飞行器已制作完成,但是,试验结果却失败了。

为此,达·芬奇还受了一点轻伤,他的朋友卢卡·巴却里听说这件事过来看他。卢卡·巴却里是著名的数学家,他刚迁到米兰来,达·芬奇认识他后,两人一见如故,结为挚友。

达·芬奇听说卢卡·巴却里来了,高兴地出去见他。

卢卡说:"亲爱的达·芬奇,全米兰都在疯传你试飞时摔断了腿,而我看你还是蛮健康的呀。你的实验怎么样,我能不能帮你点忙,我觉得原理还是挺合逻辑的。"

达·芬奇笑着说:"我只是受点轻伤,没什么。不过,我对鸟翼作过许多次解剖。我发现鸟类的起飞无须振动双翼,这是因为它在气流之中,气流在进行着循环运动。人类只要掌握这种方法,也是可以复制这种器具的。"

"达·芬奇,我敬佩你的想象和能力,但在现实条件下,你的很多想法都无法完成。"卢卡说。

"不,有些想法是可以完成的,"达·芬奇无奈地说道,"只是大公不批给我经费。去年我向大公提议改良米兰城市的交通设施,他就说没有经费了。"

"噢,原来如此。不过,达·芬奇,别灰心,你先把想法记下来,以后有条件了继续研究。"好心的卢卡劝说道。

"是的,我在做笔记。"达·芬奇感到很开心,即使是这样动荡的日子,还是有真正的朋友关心自己的研究和创作的。

两个好朋友就这样相互交谈起来,节衣缩食的日子并没有阻挡他们对于科学的探索和研究。

尽管达·芬奇也尽量减少自己的各种开销,但是他的日子却越来越不好过了,莫罗已经两年没付给他薪水了。他有学生、助手、仆人,他还养了几匹马,这些都需要开支。

现在,达·芬奇和他的学生们已经快要破产了。在大师的日记本上,有这样一句记载:"今天是1499年4月1日,我发现本人仅有218个里拉。"

达·芬奇意识到,他必须想办法搞一些钱来,不能让大家跟他一道挨饿呀!于是,达·芬奇不得不给莫罗写信。

达·芬奇想,这封信应该有点强硬语气,既要流露出自己的不满,要让公爵意识到自己的不公正,却还不能流露出谴责的意味,一定要巧妙措辞。他把写好的信稿揉成一团,扔在地上。

第二次,他不满意它稍嫌强硬的语气,不卑不亢的分寸真难把握,他又毫不犹豫地把它揉成一团。

最后,达·芬奇写成了一封颇费心计的信。信中,他温和地提醒大公:"我不想放弃我的艺术,我冒昧奉陈,提醒您注意我的事情和我被弃置的艺术。我以为您服务为生,关于那座骑马的塑像,我不说什么了,我只是领我两年的薪资……"

1499年,达·芬奇终于收到一封大公派人送来的信。他在信中说,送给达·芬奇一座米兰郊区的葡萄园作为收益的来源。

过了不久,莫罗又派人送来拖欠达·芬奇的两年薪资。这时米兰形势紧张,法国人就要攻进来了,莫罗不惜花费钱财笼络身边的人。

莫罗清楚以米兰的实力实在无法同法兰西抗衡,现在他在紧急地四处活动,他用金钱贿赂收买法国政要劝说法王取消侵略计划,又送礼给强国同米兰结盟,同时加强军事设施。

达·芬奇得到这笔薪资,就像走投无路的人一下子成了富翁,心理压力顿时减轻了,他又可以专心搞发明研究了。

不久,宫廷总管请达·芬奇为宫廷修一条可以洗热水澡的水管。达·芬奇连忙答应了要求。

达·芬奇开始构思热水管道。他像往常一样只要引发了发明创造的思绪,头脑就会飞快运转开来;头脑中一旦有新思想的火花在闪烁,他立刻就会有浮想联翩的新设想、新方案。达·芬奇把精力全部用在铺设管道的工程中。

8月份,不论莫罗怎样用尽心机,法军还是来到了。

达·芬奇这时已经设计出洗澡水的最佳温度——"3分热水4分冷水",他按照这个比例铺设管道。达·芬奇亲自督导工人们挖掘地面坑道,眼看着工人们安置热水管道。作为一个宫廷设计师,他实实在在地履行着自己的职责。

1499年夏,就在达·芬奇带领工人们施工完毕的时候,法王留多维克十二世的军队入侵了伦巴第亚。他们是由莫罗大公的私敌、被放逐的特里乌利卓引进来的,他的目的是对大公实行报复。米兰城守备司令官别那基诺打开城门,他串通法军,出卖了米兰。

达·芬奇最后一次看见大公是9月2日。他一个人在街上走着,没带随从。他正朝玛利亚·德尔·格雷齐修道院的方向走去,可能是去贝亚特丽斯的墓地。第二天,全城议论开了,说莫罗逃跑了,到皇帝马克西米连那儿去了。

不几日,米兰全部沦陷了,不少米兰人认为这是好事,他们打出"热烈欢迎法王统治米兰,莫罗滚蛋"之类的标语。他们对莫罗这个前任暴君恨之入骨,寄希望于米兰的侵略者。

莫罗逃跑了，然而米兰的新统治者又怎么样呢？

侵略者毕竟是侵略者，当米兰人还在欢呼他们的救星时，轻而易举地得到了这座城市的胜利者已在犯下他们所能犯的一切罪行了。

法军在大街小巷横冲直撞，杀死很多人。广场上，骑兵纵马从人群踏过，铁蹄之下，血肉横流。士兵们在烧杀抢掠，奸淫妇女。米兰在暴力下呻吟。

酒馆、百姓家成了他们称王称霸、为所欲为的场所。地痞流氓也趁机一哄而起，在光天化日之下无法无天地干起了坏事。

人们惊呆了，难道这就是他们盼望的情景吗？广场上乱七八糟地堆着法国人从百姓家里抢来的贵重家具、金器、丝织物，市区的主要街口到处有大炮、斧头和其他武器，侵略者经过的地方留下了成百上千的死尸、被毁坏的门户和倾倒的酒桶。烧毁的民房和店铺冒着黑烟，使人几乎喘不过气。

达·芬奇目睹这一幕幕惨象，他无力阻止。傍晚，他来到城堡前面的广场，广场上挤满了受伤的百姓、士兵，他们围坐在一堆堆篝火旁，无家可归。

而他的那个巨大的雕塑作品——斯福查骑马塑像的泥塑模型，此时正在成为法军弓箭手的靶标，许多地方还被法军用马刀砍出了铁支架。

达·芬奇面对他的心血被如此摧残，依然默默无语。他的学生愤怒地要冲上前去同法军拼命，被他坚决而冷静地制止了。

达·芬奇领着他的学生回到了画室，依然平静地工作。但达·芬奇心里已作出了离开米兰的决定，他开始安排一切，要知道这位伟大的艺术家、科学家在这儿已经生活了17年，离开米兰，他的心灵深处是十分苦痛的。

这时候，米兰人开始私下里传说，莫罗大公正准备收复自己的都城。米兰人的心情早已改变了。

当初，他们欢呼"留多维克万岁！"的时候，曾把法兰西国王看作推翻暴政的救星，但接踵而来的灾难使他们在莫罗大公的统治里边寻找起"善良"来了。

百姓们的口号变了，他们呼喊着："法国佬滚回去，我们的莫罗大公万岁！"

米兰又开始流血了。

英勇的米兰市民在忍无可忍的情况下与入侵者展开了激烈的战斗。法国人逃进了临时垒筑的碉堡里，向四周的人们疯狂射击。

这时候，莫罗认为时机已经成熟，便率领集结好的军队向米兰开进了。他以泽扎里·波哲阿为榜样，让那些凶残的恶棍、流放犯和冒险家，加入他的队伍，此外还有大批德国和瑞士的雇佣军。

由于法国人没料到米兰大公的突然进攻，于是莫罗在人民的配合下夺回了城市。然而好景不长，由于大公部队里一个名叫沙查哈里卜的瑞士人的出卖行为，法国人很快又再次占领了米兰。

这一次，莫罗不单单失去了米兰，还失掉了自由。在法国军队胜利的吼叫声中，在成千上万失望的米兰市民面前，大公被捆绑着四肢，像野兽一样装在笼子里，用车拉着穿过整个市区。他一脸呆滞的表情，看着那些挖苦他的胜利者。

莫罗大公带着米兰人的绝望，也带着征服者的骄傲被关进法国的一所监狱里，从此再无音讯。

1499年冬天，法军占领米兰不久，达·芬奇便和他的学生们匆匆打点了行装，离开了米兰。他们在微白的晨光中骑马跑出城南门，离开了生活了近20年的米兰，结束了在莫罗大公保护下的安定、温暖、舒适的寄人篱下的食客生涯。

几个星期之后，铁蹄下的米兰迎来了它的新的统治者，法兰西王留多维克。这是一位虚弱无力、长着一副皱皱巴巴面孔的统治者。米兰的重要人物和热那亚、威尼斯的大使们簇拥着这位看上去并非强有力的君主。

来到米兰的第二天,喜好名胜古迹的法王便慕名前往玛利亚·德尔·格雷齐修道院。教士们谦卑地对威势赫赫的客人们表示欢迎,并把他们领到饭厅。

法王和随从们来到修道院饭厅,他仔细地观赏着壁画,惊叹不已。

法王说:"这幅壁画确实是珍品,有没有办法把这面墙拆下,搬回法国去?"

建筑师们忙回答:"陛下,恐怕不能。在拆这幢建筑的时候,这面墙很可能就会倒塌。"

"那么,画家在哪?我要把他带回去作画。"法王仍不死心。

"陛下,他离开了,听说是回佛罗伦萨了。"下面的人回答道。

法王感到很失望:"将来,我一定要让大师也为我的宫廷服务。"

短暂的漂泊岁月

离开米兰之前,达·芬奇带学生们去看了一个好友,他就是住在瓦甫利奥别墅的老麦尔兹先生。这座别墅坐落在离米兰5个小时车程的阿达河畔上。

老麦尔兹先生对画家一直怀着尊敬和热爱之情。他虽然是个生意人,但对科学和艺术却很感兴趣,也喜欢研究哲学问题,还喜欢把政治问题弄个明白。

老麦尔兹先生有一个儿子,名叫佛朗切斯科·麦尔兹,他也与自己的父亲一样,十分喜爱和尊敬达·芬奇。这位伟大艺术家的到来对麦尔兹一家来说像过年一般。

达·芬奇非常喜欢瓦甫利奥这个地方,这里气候湿润、风景如画,有着各色各样的天然岩洞。艺术家第一次来的时候,就对这些奇观感触很深,他的那幅名作《岩间圣母》中的景物就是取材自这里。

佛朗切斯科·麦尔兹听说父亲的老朋友要离开米兰了,显得特别沮丧和心神不定。在瓦甫利奥的日子里,这个孩子到处跟着达·芬奇。

"老师,我特别喜欢您的大作,"小麦尔兹对大师说,"等我再大一点,就收我做学生吧!我要跟您学习绘画、自然科学还有数学,学习很多重要的东西。在这个世界上,没有比您更有学问、更了不起的人了!"

达·芬奇看着小麦尔兹绘画的木炭画,这是他送给和大师一起来瓦甫利奥做客的小萨拉伊的礼物。

画面上布满孩子稚气的手笔,小麦尔兹有点不好意思地微微低着头。在这些纸张上，有的画着天使；有的画着头顶光圈的圣母；有的画着树木和小动物……

达·芬奇认真地看着每一幅画，它们虽然还有些不准确，但看得出来，作者的观察是相当细致入微的。

看了小麦尔兹的画，达·芬奇感到很欣慰，这是一个值得培养的孩子。于是，他和蔼地说："你还小，我的孩子，不过你热爱艺术，又善于观察，等你长大一点，如果你还愿意学画的话，我一定收你做学生。"

风和日丽的时候，达·芬奇就会应小麦尔兹的央求，一起到阿达河边散步。这一老一少好像总是有说不完的话，达·芬奇给小麦尔兹讲许多有趣的事情。

有一回，达·芬奇从悬岩上掰下一小块泥巴，然后给孩子讲解它的构成。

这块表面普普通通的泥巴上，有一些贝壳和海生物的化石。当时的学者无法解释这些海洋遗物怎么会出现在岩洞里，于是假定，这是由于星球的某种魔力所致。

达·芬奇却说："这和魔力没有关系，看那儿，孩子，别看那是隆起的高山，可从前却应该是海底。大自然永远在创造、在毁灭，这种创造与毁灭的循环不可能有停止的一天。

"宇宙间，只有人类尚未认知的事物，却没有不可知的事物，只要深入细致地研究、考察这些生物的细微变化，人们便能逐渐认识地球的起源，看到它的过去，并预料到它的将来。"

小麦尔兹仔细地听着大师说的话。他喜欢听大师讲这些神奇有趣的事情，听大师用简单易懂的话语谈论艺术与科学。大师的知识是那样渊博，在小麦尔兹的眼里，他简直无所不知。

然而，再过两天，达·芬奇就要离开瓦甫利奥这个可爱的小城市了，小麦尔兹在心中默默地祈祷着："希望大师早日回来。"

现在，达·芬奇又要上路了。和他同行的有铁匠佐罗阿斯特罗，还有波里特拉菲奥和马尔柯两位学生，以及他的朋友卢卡·巴却里先生和义子萨拉伊。

这一行人决定到威尼斯去碰碰运气，这就要路过曼图亚城。曼图亚位于通向亚得里亚海的一条大河河畔，这条名为波河的河发源于阿尔卑斯山，带着阿尔卑斯山的雪水流向意大利，在意大利南部波河平原上滋润着意大利，滋润着曼图亚城，而后流入亚得里亚海。

在米兰通向曼图亚的路上颠簸数日后，达·芬奇一行人来到了曼图亚城下。

他们得知威尼斯此时也正在与土耳其人打仗，于是卢卡·巴却里先生提议自己先到威尼斯去探探情况，看看那里能否给自己和达·芬奇提供一个安身之处。达·芬奇和学生们就先逗留在曼图亚，等候巴却里先生的消息。

曼图亚城有位著名的女伯爵伊莎贝拉。她被称为最美丽、最典雅、最高尚的女人，很多艺术家都倾心于她的风采。

她是米兰公爵夫人的妹妹，在她姐姐在世时，这位夫人曾几次去斯福查宫参加圣诞庆典和化装舞会，与做主持人的达·芬奇有过一面之缘。她听说达·芬奇来到曼图亚，就邀请大师到她的府邸做客。

走进女伯爵的府邸，达·芬奇发现这里不如米兰大公府上豪华。女伯爵伊莎贝拉虽已到了中年，仍是一位很美丽、很有风采的女人，而且她有着一股天生高贵的气质。

女伯爵客气地招呼客人，说："达·芬奇先生，我对您仰慕已久，您的作品美誉已传遍意大利半岛，今天您大驾光临，我十分荣幸。"

达·芬奇对伊莎贝拉优雅的谈吐十分震惊，也对她对自己的以礼相待感到有些受宠若惊。

"夫人，您过奖了，您的芳名才真正响彻四方，能来拜访您，是我的荣幸。"

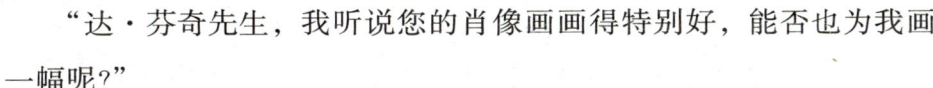

"达·芬奇先生,我听说您的肖像画画得特别好,能否也为我画一幅呢?"

达·芬奇一心等着朋友来信,本无心给人画像,但又不好拒绝女伯爵的请求,只好勉强地答应下来。

于是,伊莎贝拉在宫中给达·芬奇安排了一处住的地方。她每天把达·芬奇召进自己的住处,为她画像。

达·芬奇很感激女伯爵对自己的礼遇,为她尽心画了一幅小型的侧面肖像。肖像完成以后,获得伊莎贝拉的大加赞赏,但她根本不提薪酬一事。这让达·芬奇感到很恼火。

不久,达·芬奇又听说伊莎贝拉让她丈夫把肖像画送人了,原来,在女伯爵眼中,绘画并不是一件艺术品,而只是她送礼的一份礼品而已。

女伯爵的这种慷慨,让达·芬奇感到极不舒服。他日日盼着朋友的来信,信终于来了,还是威尼斯当局的邀请信。

威尼斯是意大利半岛上最富庶的城邦。此时,它正遭受着土耳其人的进攻,急需要像达·芬奇这样具有军事才能的艺术家。

收到信后,达·芬奇把学生们打发回佛罗伦萨,告别了生活一个多月的曼图亚城,只身向威尼斯进发了。

2月的意大利,阴雨绵绵,道上泥泞不堪。尽管去威尼斯的路途遥远又艰难,达·芬奇一想到去威尼斯也许会有一番作为,心中便满怀热情。他一路快马加鞭,早起晚停,尽量缩短行期。3周后,终于来到了威尼斯。

达·芬奇惊异于这座城市的美丽。威尼斯是"海中的城",由一群小岛组成。圣马克教堂与圣马克广场、钟楼是当时威尼斯的中心。艺术家从圣马克广场的钟楼上眺望整座城市,到处是富丽多彩的哥特和拜占庭式建筑,城市间有几百条河道,由几百座小桥连接着。

看了许久许久,达·芬奇掏出不离身的笔记本,写下了一句由衷的赞叹："我从没见过这么美丽的城市！"

达·芬奇的到来受到威尼斯人的热烈欢迎，他们在威尼斯元老院举行了盛大的欢迎会，并且请身为艺术家兼科学家的达·芬奇讲了话。

人们对大师寄以深切厚望，一双双火热的眼睛望着他，艺术家的心灵震颤着，眼里充溢着感动的泪水。

随后，达·芬奇住在公爵府里，全身心地开始了研究工作。他设想出一种可以潜入水中4小时把敌舰上钻几个洞使之沉没的"潜水衣"。但是，试验了许多次都不能正常使用。

土耳其的军舰依旧停泊在海湾，觊觎着美丽的威尼斯。没有耐心的威尼斯统治者和威尼斯人感到焦急和失望，有人甚至扬言要把这天才发明家投入牢狱。

这让达·芬奇感到了不安。异国他乡的生活风俗也让他感到不太习惯，他开始越来越思念自己的家乡。

到了3月，达·芬奇下定决心结束漂泊的生活，离开了威尼斯，回到故乡佛罗伦萨。

重返故乡

醉心于快速、乐于容易的实践,不研究足够的理论的人,就像乘海上船,却没有舵,也没有掌握罗盘的海员。

——达·芬奇

回到佛罗伦萨

达·芬奇回到了佛罗伦萨,安顿好学生后,便匆匆赶回家乡芬奇镇,看他的老父亲。

十几年过去了,故乡变化不大,和达·芬奇从小一起玩耍的孩子现在已经是几个孩子的父亲,见到达·芬奇只会崇拜地喊着:"老爷!大师!先生!"

走到自家门前,达·芬奇看到,熟悉的老房子还在,但是明显多了修葺的痕迹,门窗换过了,地面重新铺过。走进室内变化更大,格局改动了,家具都换了地方,老家具被抬到了储藏室,而且房间里凌乱不堪,忙碌的佣人几乎都是生面孔。

庆幸的是,友善的邻居早已打发孩子来报过信,所以达·芬奇一进门就碰到了父亲,他已站在门口等自己了。父子十几年未见,让老公证人看见儿子有那么数秒的恍惚:"达·芬奇,我的孩子,真的是你吗?"

"是的,父亲,我回来了!"达·芬奇激动地回答。

父子相拥,喜极而泣,父亲已经是老态龙钟了,他为儿子举办了一个宴会,欢迎他的归来。

达·芬奇在全家准备开饭的桌子旁见到了几个他叫不上名字的孩子,据说是自己的弟弟妹妹们。孩子们同样好奇地看着这位穿着讲究,面容睿智的大人物。他们很想和"客人"说几句话,又感到十分不好意思,便偷偷地用眼角窥视着达·芬奇。

当厨娘端上一盘可口的甜点时,孩子们马上顾不得矜持,伸手抢了起来。

大点的男孩子喊道:"这个是我的。"

"这个是我的。"小一点的孩子也显然不甘示弱。

这时,梳洗草率、穿着马虎的继母被激怒了,她粗鲁地向孩子们和仆人吼道:"抢什么?抢什么?我是怎么教导你们的?真没出息!"

"厨娘,请多拿些甜点来!"

父亲不好意思地在一旁解释:"现在,家里的一切都是你继母做主,这些孩子和整个家让她太操心了。"

达·芬奇听了,也只能无奈地、理解地笑笑。家里的变化令达·芬奇真是感慨万千,他是多么怀念自己的童年,怀念阿尔别拉妈妈在的时候啊!

席间,父子俩谈及往事和故人,老公证人告诉儿子,他的老师维洛基奥已经故去12年了。想起恩师对自己的辛勤教导,达·芬奇忍不住潸然泪下。

掐指一算,自己有快20年没回家来了,他想起自己的少年和青年时代,青春年少的岁月真是匆匆而逝呀!

达·芬奇从家乡回来后,便走进了在佛罗伦萨临时租赁的住所,他在这里开办了画室,想重新开始他17年前的生活。然而,一切都变了。他变了,不再是年轻的他。

佛罗伦萨也变了,1494年美第奇家族被逐出佛罗伦萨以后,它已变成一个半民主、半清教徒的共和国。这个城市已经没有了昔日的繁华锦簇,统治者们的争权夺利,早就刺伤了人们那颗喜爱艺术的欢乐之心。

然而,达·芬奇仍然不能从公爵统治时期舒适贵族化的奢侈生活中走出来。他还试图按着从前的方式生活。

佛罗伦萨人经常侧视他的丝绒衣服,他和蔼的礼貌。比他小22岁的米开朗基罗也十分不理解达·芬奇,凭什么还能过如此富足的生活。

而达·芬奇并不觉得自己生活得如何奢侈，他只是希望在舒适的环境下进行创作罢了。当然，他也不能理解像米开朗基罗这样年轻的画家们的生活。对周围人们的不理解，让他多少有些难过。

达·芬奇的画室陆续开始接到一些订单。比如，给一个暴发户商人墓地上的小礼拜堂作画，给一个展厅画巨幅画，给一个商人的妻子画肖像等。

在其中的一个房间里，各种实验用的蒸馏管、曲颈瓶、熔铁炉等器具又被摆满了桌子，此外，还有各种作平面图和计算数学公式的笔记。达·芬奇越来越迷恋科学研究了。每日，除了绘画之外，他就泡在实验室里搞自己的发明。

平淡的生活，让达·芬奇开始想念从前的同学和朋友，听一位昔日的同学说，师兄波提切利已成为佛罗伦萨当地有名的画家，开了自己的画室。

达·芬奇于是很想去拜访这位师兄，但是事情却很凑巧。一次散步的时候，达·芬奇竟然和波提切利偶遇了。

当时是在一家教堂的门口。达·芬奇觉得对面虔诚的面孔非常熟悉，定睛一看，原来他就是师兄波提切利。

十几年不见，师兄的变化真是太大了！波提切利只比达·芬奇大7岁，今年不过55岁，但眼前的他佝偻着身子，胡须花白，脸上布满干纹，简直像个70岁的老人了。

波提切利看见达·芬奇，也感到又惊讶又惊喜。老友相见，分外高兴。他们相互拥抱，愉快地交谈起来。

"亲爱的波提切利，这么多年，你过得好吗？"达·芬奇关切地询问着师兄。

"嗯，我还好，成立了自己的画室，收了几个学生。"波提切利回答道。

"师兄弟们都还好吧？"达·芬奇又问。

"唉，"波提切利长叹一口气，"克列吉进入萨以那罗拉修道院，他在每天祈祷，写天国的梦幻，波这也已出家为僧，他和克列吉在同一所修道院。"

"哦，那他们还画画吗？"

"有时为经文画些插图。你知道，他们现在关心的是灵魂，而不是艺术。"

"是啊，如果老师现在活着的话，不知会怎么想，他一直希望我们能成为真正的艺术家的。"

"是啊，是啊！"

师兄弟俩不约而同地慨叹着世事变幻和人生无常。当波提切利离去的时候，他衰老的身形让达·芬奇揪心般的难受，师兄当年是多么英俊强壮啊！

"老师，刚才那位老先生是波提切利？他也是您的师兄吗？"站在一边的学生追问道。

达·芬奇点点头，目光望着师兄离去的方向，肯定地说："是的，他为但丁的《神曲》画了90多幅插图。他还画了《春》和《维纳斯的诞生》。他就是那个神奇、大胆的波提切利。"

"哦，他画的人物总是不穿衣服！"学生说。

"记住，肉体和衣裙是要根据构思而定的，各有各的美。"达·芬奇纠正道。

"波提切利大师的作品，老师您见过吗？"学生又问。

"我前几天见到了《维纳斯的诞生》。金发女神维纳斯的贝壳在荡漾的海面上滑来滑去。轻风把贝壳吹到海岸，宁英女神在等待着，准备为维纳斯披上斗篷。"

达·芬奇闭上眼睛回想那天见到的画面："她有着一双憧憬的眼睛，凝视着远方；脸上有着很高贵的表情；身体比例也很好；有着一种女性的温柔、肉体的美丽和优雅。她的身体裸露在苍茫碧透的大海和天空的背景下，点缀着从上落下的粉红色花瓣。"

说着，说着，他仿佛又回到了老师维洛基奥的画室，那里有他和师兄弟们作画的背影，维洛基奥正在指导学生们该如何作画。

1501年，达·芬奇这位被公认为欧洲最伟大的画家展出了一幅名为《圣安娜》的大幅素描。这幅素描令每一个艺术家都感到惊奇。作品展出后，佛罗伦萨的男女老幼都涌向修道院来观赏，人们争先恐后地目睹大师的创作。

这幅素描描绘的是耶稣一家相聚的欢乐情景。玛利亚的母亲圣安娜、玛利亚、耶稣和施洗约翰在一起玩耍，人物身躯互相交叠，两代人微笑着望着第三代，期待着他将来去完成伟大的壮举，愉快欢乐的情感互相交融，颇为感人。

达·芬奇运用独特的明暗分析法与柔和的调子来表现圣人家族的天伦之乐和欢快的情感。

圣母的脸上露出温柔的微笑。画面上笼罩着婆娑的月光，宛如蒙着一层薄雾。他选用的青灰色画纸更增强了这种朦胧感，因此使画面洋溢着抒情诗般的情调。

素描得到了佛罗伦萨市民的认可，整个城市好像过节一样喜庆，人们都在谈论这幅伟大的作品：

"100名少女，100名青年，少女们丰腴、热情或端庄、温柔，秀发在风中波浪起伏；青年们如运动家骄傲于他们的肌肉，脸上表现着对战争的渴望。"

"仁慈的圣母期待着世界在她儿子的手里获救，虔诚的圣·热罗姆形容枯槁，这是多么宏大的画面。"

"人多并不能说明这是伟大的作品，画的精妙之处在于细节，你看围在头上或颈边的披肩、围巾、丝带或者缠绕在手臂上，或从肩膀上下垂，或在膝头打折，在光线的照射下，几乎诱惑人们去抚摸，这些比安在我们身上的任何外衣都要真实。懂吗，这才是这幅作品的精妙之处！"

"二位是真知灼见，一听就是内行人，只有内行才会懂得欣赏，我们外行都是看热闹，我看这变形的头，还有这送礼的傻蛋，实在滑稽。"

"而这残忍的面孔，残废的身体，还有这因愤怒扭曲了的面孔，这女妖像蛇一样的头发都令人恐怖。但我觉得最让我震动的是这年老而干瘪、布满皱纹的脸孔，失去了力气的人，这么真；实际上，真实得让人觉得可怕。这就是大师吧，完美地展现了这一切。"

达·芬奇的艺术成就震动了整个佛罗伦萨，然而，他对这些盛誉已经感到乏味。他现在最想做的是一些有挑战的事。长期以来，他在军事工程和机械方面的才能一直没有机会表现出来，这是达·芬奇心中感到最遗憾的。

军事工程师生涯

达·芬奇在佛罗伦萨住了两年。这两年间，他的精力都投入到了科学研究中，除了《圣安娜》外，几乎没有新的绘画作品问世。然而，画室里还有好几个一直跟随艺术家的学生，各种人员、事务的开销让达·芬奇感到越来越吃紧了，他开始琢磨着出路。

刚好这时，达·芬奇接到一封法国公爵凯撒·波尔金的邀请信。公爵的信中说，他需要一个能制地形图，装建堡垒、桥梁，导引河流和能发明武器的人。他曾经听过达·芬奇关于新的战争机械的想法，所以邀请达·芬奇去当军事工程师。

这让达·芬奇又燃起发明创造的希望之火。于是，他欣然接受了公爵的邀请，开始了自己的军事工程师生涯。

在米兰的时候，达·芬奇与凯撒·波尔金这个大名鼎鼎的人物曾有过一面之交，他是教皇的私生子，统率着教皇国的军队南征北战，希望扩大教皇国的领土。这是个野心勃勃、阴险狡诈的家伙，不过达·芬奇并不管这些，只要凯撒·波尔金能资助他将科研成果转化为现实就好。

1502年6月，达·芬奇来到意大利东海岸的海滨小城皮昂比诺。凯撒·波尔金正驻军在这里。达·芬奇见到了凯撒·波尔金，年轻的军事统帅对达·芬奇十分礼遇，达·芬奇兴致勃勃地向他讲解了自己的各种发明。

"公爵殿下，请您看一下我设计的装甲车图纸，这种装甲车的轮子是由挡板里面的军士来移动的，这些车子代替了战马。它能由兵士举枪刺戮，能由兵士持风箱发出吼声惊吓敌人的马匹，它可以带着配枪的兵士打垮每一队敌人。

"我们也可以在战车的侧腰上装上可怕的镰刀；在向前突出的车辕上装上更能致命的回转镰刀，这些将会使杀死敌人像在田里割草一样简单。

"我们也可以在战车的轮子上转动一个机械装置，当车轮旋转时，它可以从四个方向打击敌人。您可以凭这些装置攻下一个碉堡。"

"先生，您的设想太奇妙了。我会全力支持您的。但是，现在我遇到一个问题，需要您来帮我一下。"凯撒·波尔金连忙打断工程师的话。

凯撒·波尔金告诉达·芬奇，皮昂比诺这座城市很小，却有很多沼泽地，这大大限制了城市的发展。凯撒·波尔金说："我想扩大城区的建筑，就必须治理这些沼泽地。我召你来就是为了解决这个问题的。"

达·芬奇取来城市地图细细地研究了一下，最后，他建议公爵抽干沼泽地的水。工程师设计了两套改造方案，可以把沼泽地的水经由运河引入大海。

凯撒·波尔金对其中的一个方案十分满意，于是任命达·芬奇为总监，负责这项改造工程的施工。公爵果然言出必行，他发布了一个权威的特许状，任命达·芬奇为建筑师和总工程师，一切人员和资料都要配合达·芬奇的工作。达·芬奇非常感激凯撒·波尔金的赏识，开始勤奋努力地工作。

工程开始时，正是皮昂比诺当地的夏天。这个时候，中午骄阳似火，气温非常高，天气湿热，可是已经50岁的达·芬奇却仍然保持高涨的工作状态，奋战在第一线。在他的带动下，治理沼泽地的工程进行得很顺利。凯撒·波尔金对达·芬奇的工作感到十分满意。

紧接着，凯撒·波尔金又命令达·芬奇火速赶到100英里以外的部队去随军，那里有更多的事情需要他的服务。

公爵的部队正在那里进攻一个叫阿雷佐的地方。达·芬奇接到命令，连忙长途跋涉去追赶部队。一路上舟车劳顿，令老工程师苦不堪言。当达·芬奇赶到阿雷佐的时候，已经又黑又瘦，蓬头乱发，看上去像个十足的流浪汉了。

波尔金公爵告诉达·芬奇，他现在需要一张意大利中部地区的地图。达·芬奇顾不上休息，赶紧着手绘制地图。为了制作出来的地图精确严密，老工程师必须进行反复的计算和绘制。

由于作战的需要，军队的生活很艰苦，而且时常需要不断前进，占领地盘。达·芬奇身为军事工程师只能吃住在军队里，还要随军队日夜行军。

他除了绘制地图，还被安排了许多其他的事情，比如发明一种炸毁堡垒的炸药。这就需要反反复复进行100多次的爆破实验。

达·芬奇不知疲倦地设计着各种方案，每天躺下休息后，腰便痛得厉害，辗转反侧，刚刚睡下，集合号声又已响起，他又只能拖着疲倦的身体跟着部队赶到下一个目的地了。

这样的生活十分辛苦，但是达·芬奇仍然坚持马不停蹄地工作。地图绘制好后，达·芬奇如释重负地把它交给波尔金公爵的副官："阁下，请您将这6幅地图交给公爵，内容很详细，河流方向，地势的轮廓和特性，河流、山丘、碉堡和市镇间的距离都标得清清楚楚，如果他有什么要求，请再告诉我吧！"

"好的，先生，我会转给他。"副官礼貌地说。

任务总算完成了，达·芬奇以为这下自己可以休息一下了。没想到，不一会儿，副官转回来告知达·芬奇，波尔金公爵命令他必须火速赶到乌尔诺比。公爵正在那个要塞等他，有军机要事商议。

疲劳至极的达·芬奇感到很无奈，公爵好像一点也不懂得体谅自己年近半百的身体。但是，转念想到公爵口里的"军机大事"，又只好硬着头皮踏上去乌尔诺比的路了。

乌尔诺比要塞设在一座山上，海拔 2914 米，山下没有大路，不能骑马，行人只能一步一步地往上爬。

当时正值 7 月，天气非常湿热，达·芬奇在山间小路上慢慢行进，走一会儿歇一会儿，累得气喘吁吁。他开始有些后悔了，军事工程师真不是好当的，处处要听凭别人的独裁。但是，达·芬奇转念一想，公爵正在山上的要塞里等他，应该是有很重要的事情交代自己吧！

想到这里，达·芬奇不由得加快了脚步。对于发明创造的热切希望，让达·芬奇感到脚下增加了许多力量。

夜深人静的时候，达·芬奇终于来到公爵的临时宫殿前。凯撒·波尔金公爵确实在那里焦急地等他。

波尔金公爵通过几个月来与达·芬奇的合作，发现他是一位德高望重的长者，无论是其认真的态度还是智慧的思维都是可以信赖的。于是，公爵把自己接下来的计划讲给达·芬奇听，请他也参与进来。

年轻的公爵先生雄心勃勃，他想着进一步扩展自己的势力范围。这次，公爵安排给达·芬奇的任务是，在新建都的地方以乌尔诺比的宫殿为样板建一座宏伟的宫殿，作为他未来的宫殿。

这是一个巨大的工程，从设计到施工都需要达·芬奇亲自参与。达·芬奇不敢怠慢，马上开始建造宫殿的工作，甚至来不及好好歇息几天。这几个月奔波下来，他越发消瘦了，但是军令如山，军法无情，达·芬奇不敢拿生命开玩笑。

在和波尔金公爵相处之后，达·芬奇深知眼前这位穿着银白军服、佩戴法国军队勋章绶带的年仅26岁的年轻公爵的个性。没有比他更霸道和野心勃勃的了，对于他的命令，自己唯一能做的就是服从。

在乌尔诺比宫殿里，达·芬奇参观了365个房间，丈量了所有房间的尺寸大小。他细细研究了整个宫殿的布局，在日记本上把风格鲜明的房间和精美的大理石柱及雕饰花纹细心地画下来。

在他的笔记本里，至今保存着一座造型精巧的鸽子棚，画上注明的日期是1502年7月30日，题目是乌尔诺比的鸽棚。这大概就是他当年描绘的景物。

达·芬奇边参观边研究，一些新构思也随之产生，他把那些稍纵即逝的构思用最快的速度勾勒下来，还预备为新宫殿设计出精美的阳台和大理石人造喷泉。

秋天到了，波尔金公爵开始频繁地向达·芬奇要宫殿的设计图纸，他现在挥斥方遒，对战争很有信心，就盼着早日住进自己的宫殿里。

达·芬奇不断地拿来设计的图纸和记录的自己对新宫殿的构想。但想不到的是，公爵却对他的这些设计都不满意。

公爵时常盛气凌人地说："大师，不，不，这不是我想要的！我的宫殿必须是整个欧洲最豪华、最气派的一座，它要和我的功绩相匹配，要象征我们家族的成就，它既要固若金汤又要富丽堂皇，还要别有情趣。喏，你明白吗？明白吗？"

达·芬奇无奈地说："是，大人，让我再试试看。"

于是，达·芬奇又得把从前的思维推翻，重新设想宫殿的样子。渐渐地，他开始感到厌倦了。艺术家那没有耐心的脾气使他越来越不想在军队里待下去了。

在这里，不但奔波劳累还要坚决服从指挥官的一切命令。最让达·芬奇受不了的是，自己的这些创意竟然都得不到公爵的认可，这让他感到失去了创作力。现在，他宁愿一个人在赤日炎炎的盛夏为教堂作画，也不想再当这个供人差遣的军事工程师了。

"等这个宫殿的图纸通过，我就向公爵先生申请离开，我一定要离开这里。"达·芬奇边给自己打气，边思索着宫殿的设计方案。

冬天，凯撒·波尔金公爵继续外出打仗，调兵遣将，扩大自己的版图。达·芬奇制好图纸后就地在军营里等待着凯撒·波尔金的归来和军事上的胜利，然而他等到的却是凯撒·波尔金战败被俘的消息。

凯撒·波尔金帝国正在崩溃，同时凯撒·波尔金的敌人登上了罗马教皇的王位。得知情报后，达·芬奇立即结束他军事工程师的生涯，收拾行囊回故乡佛罗伦萨了。

1503年的春天，达·芬奇回到画室，抄起画笔，又开始了自己的画家生活。

在给凯撒·波尔金服务的日子里，达·芬奇身临其境地感受到战争的残忍。这段经历虽然短暂，却也满足了达·芬奇做军事工程师的想法，在以后的岁月里，艺术家不再热衷搞军事发明了。

与蒙娜·丽莎的友谊

当时佛罗伦萨有一个很有实力的银行家叫弗朗西斯科·代奥·佐贡多,他有过三次婚姻,他的第三任夫人是个年轻又富有的美人儿。

1503年,达·芬奇应弗朗西斯科·代奥·佐贡多的邀请,前去他的住所为这位夫人作画。达·芬奇刚一踏进佐贡多漂亮的住宅里,就看到以鲜花盛开的树木为背景的一个优美的喷泉。有两位先生在满是账簿的书房里迎接了来客。

佐贡多先生,年纪在45岁左右,秃顶,有着漂亮的小胡子和一双亮亮的眼睛;另一位是佐贡多先生的岳父,一个非常体面的老人。

这时,一位年轻妇女姿态端庄地走进了书房。她身着质地优良的连衣裙,把身体衬托得丰满而充满活力;头上梳着佛罗伦萨当下最时髦的发髻,一绺鬈发不经意地披散在双肩;她的手上、颈上戴满光彩夺目的贵重宝石;眉毛、面颊、嘴唇和指甲都十分讲究地修饰过。

这一切都说明了眼前这位贵妇人的身份。

这位夫人看到画家后,淡淡地报之以微笑。画家看到,在她质朴的着装和素净的面孔上充满了纯真和天然情趣。

这时,那位体面的老人走上前,介绍说:"先生,让我介绍一下,这就是弗朗西斯科的妻子,我的女儿蒙娜·丽莎。我们希望,您能够为她画一幅肖像。"

"丽莎,这位就是大名鼎鼎的列奥纳多·达·芬奇先生。"

"认识您很高兴,达·芬奇先生。"蒙娜·丽莎礼貌又含羞地向画家问好。

也许是因为画家优雅的、不同寻常的仪表有别于常到她家来的那些银行家、商人身上的粗俗，有那么一瞬，蒙娜·丽莎的脸上露出一丝惊喜的表情，在她的唇角闪过一个神奇的微笑。

这个微笑使得画家的内心产生一种久违的亲切感，这甚至让达·芬奇立刻联想起自己过世的继母阿尔别拉。

达·芬奇注意到，这位夫人并不算美丽，在佛罗伦萨，有很多比她更美的女子。但是，她羞怯的面孔上却有着一双温柔智慧、耐人寻味的眼睛。达·芬奇那充满幻想的大脑马上来了绘画这个模特的灵感。

"哦，尊贵的夫人，您真可爱，我将以为您作画为荣！"达·芬奇欣喜地说道，这绝不是客套，这完全出于他的感觉。此刻，在画家的脑子里，已经有了蒙娜·丽莎肖像的模型，就是她那神秘的一笑。

"好的，谢谢！"蒙娜·丽莎漠然地回答，好像自己与画像无关。当然，达·芬奇哪里知道，蒙娜·丽莎在不久前刚刚夭折了自己的长子，她的心情一直不好。也正是因为如此，她的父亲和丈夫才想办法用请名家画画的方式让她能够开心起来。

出于画家的初衷，达·芬奇有目的地与蒙娜·丽莎一家寒暄了起来，他发现在丈夫与父亲的面前，他的这个模特显得拘谨而又漠然，这显然与她长期受到的教育有关。

很快地，蒙娜·丽莎似乎有些词穷了，她已经厌倦这种交际性的谈话，脸上流露出不耐烦的神色。她甚至轻轻地打了个哈欠，并用手急忙遮住嘴。画家注意到少妇脸上那神奇的微笑被一种乏味的表情代替了。

显而易见，要让她在自己的家里做达·芬奇的模特，她是没法展露真实的自我的，而达·芬奇想要画的是一个生动的蒙娜·丽莎。达·芬奇心想，在画肖像的时候，绝不能让这个模特感到寂寞，否则，最终只能得到一张毫无生气的作品。

"我打算明天就开始工作。"达·芬奇向蒙娜·丽莎点了点头，向她征求意见。然后又转过脸对身边的两位先生说道："不过，肖像的绘制必须在我的画室进行，而且，以我追求完美的态度，这幅画大概要画得时间久些，不知两位阁下和夫人能否配合我？"

看他们没有答话，停了一会儿，达·芬奇又说："我保证，你们将会看到一幅意想不到的作品。"

佐贡多和他的岳父大人听说，享有盛誉的达·芬奇先生将要精心绘画蒙娜·丽莎的肖像，自然是喜出望外了。要知道，达·芬奇先生肖像画中的人物都是非富则贵的，请他画像也是一种身份的象征。于是，两位先生当即爽快地同意了画家的要求。

在规定的日子，弗朗西斯科·代奥·佐贡多和妻子以及陪伴她的女仆，来到了著名画家的画室。气派非凡的佐贡多先生跳下马，将年轻的妇女领下马车。他们以及他们的仆人一起走进了著名画家的画室。

蒙娜·丽莎很少离开自己的小家，所以感到很不自在。她设想着，要这样在一个陌生的地方一动不动地坐着该是多么寂寞啊！她坐下来。哦，要长久地接受这样一个大胡子陌生人的端详该有多尴尬呀！

蒙娜·丽莎心里虽然这样想，眼睛却一刻没有停止过各种好奇的张望。过了一会儿，她对画室里的陈设感兴趣起来。画架旁边是一个身着铠甲的骑士雕像，而就是那位严肃的长着长胡须的人，让她的容貌列入那些巨幅中间，流芳百世。

达·芬奇看到蒙娜·丽莎紧张的样子，也很着急，怎么办呢？怎么能让这个模特放松下来。

忽然，达·芬奇忆起了巴茨·索多麻。正是这个人，能说故事让她开心。当然，不是讲那些修道士的恶行，要知道，应当说她是一位规规矩矩信仰上帝的人。不过，要是索多麻还能把他的小猴子带来，那模特儿就可能保持住愉快的心情。但是，现在应该先使她适应新的环境。

互道寒暄之后，桌子上按照吩咐摆上了盛着甜食、水果和饮料的盘子。达·芬奇忙着准备画像。

当他移动画架的时候，蒙娜·丽莎紧蹙着双眉，观看着屋子里的东西和不时在门前出现的画家的门徒、仆人。萨拉伊留着长发的头，旁边独眼的佐罗阿斯特罗魁梧的身形，都使她感兴趣。

达·芬奇走近蒙娜·丽莎，又注意地看了看她的手，她把一只手放在另一只手上，做出一副操守善良的少女等待长辈训斥的姿态来，这两只手是多么美妙啊！但是，这双手上此刻却挂满珠宝首饰，夺取了手本身的光彩。

"哦，夫人，请摘掉这些恼人的首饰吧，裸露的手腕会使您看上去更美丽的。"达·芬奇真诚地说道。

于是蒙娜·丽莎按照达·芬奇的要求拿掉了颈上和手上全部的装饰品。现在，她正是他想要描绘的那种女子：毫无修饰，情趣天然，一绺绺鬈发散落在裸露的颈上。

达·芬奇开始用含银的铅笔画起草稿。达·芬奇认真地工作着，他不仅仔细地观察少妇外在的线条美，更努力地捕捉模特儿的内心世界。达·芬奇仍然在考虑，如何才能使蒙娜·丽莎彻底摆脱乏味的生活给她带来的颓靡。

而这个时候，习惯了周围环境的佐贡多先生，则品尝着高脚酒杯里闪闪发亮的红彤彤的浓酒。现在，他是一副安乐、得意的神情，看得出来，他是非常高兴的，因为通过有名的达·芬奇的画笔，他的妻子将芳容永在。

达·芬奇尝试着用音乐的旋律和小丑的叫跳，来改变蒙娜·丽莎的愁容。开始的时候，她感到很新鲜，但早已形成的昏昏欲睡的精神状态却常常使她忍不住打哈欠。

那些变戏法的魔术师向上举起刀子，又用刀锋去接住它，或是叠罗汉，用小球变出各种各样的戏法来，都没使她打起多少精神来。看来，丑角和魔术师五光十色的服装也没能使她感兴趣，她什么时候会高兴起来，完全无法预料。

蒙娜·丽莎的奶娘，一个老处女，负责侍候她中午一顿饭。每当临近中午，画家停下笔的时候，奶娘便把已经准备好的饭菜和水果端进画室。

老太婆害怕大大小小的动物标本，害怕挂在墙壁上的解剖图，害怕摆在桌面上的那些人和动物的脑壳。她私下里对蒙娜·丽莎说，达·芬奇一定是巫师，最好不要到他那儿去了。

然而，奶娘的话反倒引起了蒙娜·丽莎强烈的好奇心。是啊，那些脑壳和动物标本都是做什么用的呢？

蒙娜·丽莎愿到达·芬奇的画室来了。不论是新结识的人们，还是有着鸟雀标本、蜥蜴、蛇和不知道是什么的兽骨架的陌生环境，不论是那些奇奇怪怪的实验仪器，还是带着调色板的画架，不论是气味特殊的松节油，还是那些颜色的涂抹——一切都是那么有趣，那么新奇！

而在家里，围绕她的只有账簿和关于贷款、交易额、可能利润等没完没了的谈话。说真的，在这里和在家里都有些竭力使她开心的丑角。但是，家里的那些人已经司空见惯，甚至她都可以背得出他们的那些笑话了，而在这里，什么都是新鲜的、她从未见过的东西。

同样她还可以好好看看，自己是怎样在画布上慢慢地活起来的，就好像正在诞生一样。初始并不很像，接着就越来越分明，甚至似乎这个画出来的蒙娜·丽莎要开口讲话。

达·芬奇顽强地工作着，情绪饱满，对各种情况应付自如，并且细心地观察着模特儿的内心世界，这个对他至关重要。

有一次休息的时候，蒙娜·丽莎的注意力被一幅画着有蹼的小鸟爪子的速写吸引了，在旁边，是一只人手的速写，还有一幅蝙蝠翅膀的速写。蒙娜·丽莎觉得这很奇怪，便向达·芬奇询问缘由。

"瞧这个！你为什么把爪子、人的手，还有蝙蝠的翅膀画在一起呢？这有什么特别的意义吗？"蒙娜·丽莎好奇地问。"这个当然有特殊意义的！"达·芬奇微笑着回答，然后开始给蒙娜·丽莎讲游泳和飞行的原理，给她讲游泳的器官和飞行的器官的相似之处，他还给她讲了这种相似性怎样使他想到一种飞行机械。

这次，达·芬奇看到，在蒙娜·丽莎大而缺乏表现的眼睛里闪现出了火花，她饶有兴趣地听着，这可是全新的东西啊！

看见蒙娜·丽莎眼睛里的火花，达·芬奇感到他的心震颤了一下：就是这样的火花，在阿尔别拉妈妈的眼睛里燃烧过，在他还是个孩子的时候，在芬奇小镇，当他找到一只小甲虫，或是一只小蝴蝶，一朵花，把它们带回家里和妈妈一块儿仔细观察，阿尔别拉妈妈惊异于它们的色彩和构造的时候。

达·芬奇感觉到，他对大自然的那些考察，使模特儿越来越感兴趣了。这使他既高兴又激动。于是，在中间休息的短暂时间里，他把花工夫搞出来的那些东西一一指给蒙娜·丽莎看。

蒙娜·丽莎对达·芬奇的那些爱好表现出出人意料的关注，这使达·芬奇产生了用另一种方法来完成肖像的想法。他决定把肖像画成一幅包含一定情节的主题性油画，画出周围环境来，这个环境要和蒙娜·丽莎的内心世界，还有她的精神生活和谐一致。

达·芬奇决定为了达到这一点，把蒙娜·丽莎摆到她越来越感兴趣的大自然中去。这样，就一定需要风景。

对，他要在她的像后面画上风景。朦胧的、轻盈的、飞向虚无缥缈的远方的一片轻烟笼罩的风景。这一片风景，要和柔软的披肩以及漫不经心地披在头上的一块透明的面纱互相呼应……

在这位灰蓝眼睛里充满深邃、敏锐思想的高个子画家面前，大部分时间默默无言、胆怯的蒙娜·丽莎，仍不住一次又一次地向达·芬奇提出许许多多的问题：

"达·芬奇先生，像你们能进行创作的人，比如画家、读书人、发明家的头脑，是不是都要比普通人聪明些呢？"

"我觉得不是每个人都能做你那样的人，是吗？可是，达·芬奇先生，你的脑子里到底有什么与众不同的地方呢？"

"嗯，我觉得，动物中，还是狗的智力最好，像我们身边，发生过许多狗妈妈牺牲生命救护狗宝宝的事情，有时候，它们还会救人的生命……你觉得，每个狗都那么聪明吗？可是，可是我们人为什么就不一样呢？"

……

对于蒙娜·丽莎的提问，达·芬奇耐心地一一回答，但蒙娜·丽莎似乎对答案并不满意，她常常都是紧锁眉头，一副仍然在猜想答案的样子。

于是，达·芬奇便为蒙娜·丽莎讲述了一个很有哲理的神话故事。

故事讲完了。达·芬奇看了蒙娜·丽莎一眼。啊！她那面孔终于明亮起来了，她的双眼闪闪发起光来了！然后，她如梦初醒，吸了一口气，用手摸摸脸，默默无言地走到位子上坐下，两只手摆成平常那个姿势。

成功了！达·芬奇成功了！他不仅是一个成功的画家，同时他也唤醒了一个冷漠的塑像。她的嘴角微微上扬着，给她的脸蛋增添了令人惊异的、神秘莫测的、调皮的神情，就像一个知晓秘密而又小心保守着它，但又不能抑制住怡然自得心情的人。

达·芬奇悄然无声地工作着，生怕放过了一瞬间，这一缕照亮他那郁闷的模特的阳光。

有一次，达·芬奇给她讲了另外一个故事，这个真实故事的内容是：50年前，在韦罗纳住着诺加罗拉姐妹。她们不识字的母亲给了她们受教育的机会,她们弄懂了那个时候知识方面深奥难懂的东西,学会了拉丁语,读了很多古代诗人和哲学家的书,通晓了但丁和彼特拉克的著作。

她们之中最有才华的一个叫依佐塔。她是一个卓越的演说家,写得一手漂亮的文章。国内很多受过高深教育的人们,都以收到她的信为荣。依佐塔还发表过致教皇比治二世的演说。

这段韦罗纳的依佐塔·诺加罗拉的故事使蒙娜·丽莎久久不能平静,她梦见了依佐塔,她觉得,似乎她自己成了依佐塔……但是白天,在银行家佐贡多家里日常碌碌无为中,这些幻想渐渐死去,没有力量改变任何东西,没有力量有所作为,没能找到新生活。

然而,就是在达·芬奇这个伟大画家的普通画室里不同寻常的气氛中,蒙娜·丽莎的思想又插上了翅膀,展翅欲飞,但一回到家却又会失去动力。

蒙娜·丽莎和一个除了发财之外不知道幻想,什么都不知道的银行家生活在一起,在富足、优裕的环境里成长了多年的女人能够想什么呢?未必有什么人能够猜到,这样外表像一个哲人,不由自主地倾心于这位妇女的画家讲了故事,把什么东西深深地烙印在她的心灵上了。

达·芬奇的天才深深地印在她懒于思索的脑海里,触到了她沉睡的心灵。她听着他的声音,就像聆听音乐;听着他的话语,就像听到了神灵的启示。

他第一次给了她由于丰裕和无忧无虑的生活而迟钝了的求知欲。她想更多地知道,更好地了解周围环境。但是,对于她已经定了型的生活,有什么办法呢?

达·芬奇日复一日地工作着,绘制蒙娜·丽莎的画幅整整用了他4年时间。难道画家爱上了蒙娜·丽莎,才有意把完成订货的时间拖得这么久吗?

是的，达·芬奇确实按自己的方式爱着蒙娜·丽莎。难道不能把模特儿作为一种形象、一种理想来爱恋吗？难道不应该尽可能长时间地留住描绘这位少妇时所体验的那种美感吗？

在描绘泽兹莉亚·加列阿妮肖像的时候，他没有经历过这样的心情，在制作其他妇女的画像时，他也从来未有过如此强烈的美感。

为那些上流社会的女子，他画的只是肖像，而描绘蒙娜·丽莎，他不把这看成仅仅是在画一幅普普通通的肖像。

现在，在画像的时候，就不用费力去寻找丑角和魔术师了。达·芬奇如果想让蒙娜·丽莎欢愉起来，仅需要一个乐师在旁边伴奏即可。在音乐的伴奏下，令人心醉神迷、神秘莫测的微笑便越来越经常地挂在模特儿的嘴角。在这样的微笑里，有着向往自由、不断求知的梦想。

达·芬奇在一次作画的休息中，无意间向蒙娜·丽莎倾吐了自己长期以来的压抑和苦闷。蒙娜·丽莎得知了画家的孤独和寂寞，顿时对他产生一种母爱似的怜悯和同情。

在这个已经年逾 50 却依然纯真、充满幻想的老人面前，蒙娜·丽莎充当了母亲的影子和朋友的角色。从那一天起，他们两人之间就变得亲切随意，对达·芬奇来说，蒙娜·丽莎是唯一的一个能听懂他心曲的人。

每当达·芬奇讲述什么事情的时候，蒙娜·丽莎都怀着深深的专注和柔情倾听他的讲述，棕色大眼睛温柔爱怜地看着他的脸。达·芬奇那颗饱经痛苦而孤独的心被深深地感动着。他回顾自己从艺的刻苦生涯和在科学领域的探索；讲述那些有头无尾或毫无结果的发明创造。

画像工作进展很慢。有时候，蒙娜·丽莎的轿夫若是不在画室门口出现，而仆人或老奶娘就会来说：她病了，或者是弗朗西斯科·代昂·佐贡多先生决定让妻子在家休息休息，特别是有亲戚从锡耶纳来时，达·芬奇都会感到，他的生活里缺少了一点什么。

虽然这中间，达·芬奇也在做水利工程和绘制市政府的壁画，但是，日子仍然要一天天过去，经过了近4年的努力，《蒙娜·丽莎》的绘制终于完成了。

不过，在这幅肖像完成后，达·芬奇却不愿把它交给蒙娜·丽莎的丈夫弗朗西斯科·代奥·佐贡多或其他任何人了，于是，当他受到法国国王的邀请时，他便带着这幅肖像离开意大利去了法国。

达·芬奇的这幅画得到了他的同行及爱好艺术的佛罗伦萨人的广泛注意与谈论。他们谈到达·芬奇在塑造人类面部方面高深的学识，正是这种学识使他成功地捕捉了那种转瞬即逝、神秘莫测的微笑；他们谈到了把自然风光带进肖像画这种独特的创作方法；谈到了技巧上的圆熟、人物姿态的单纯和手的美。

后来，《蒙娜·丽莎》成了达·芬奇晚年最杰出的作品。

多少世纪来，人们一直在谈论蒙娜·丽莎那神秘的微笑。她的微笑的确神秘：它似乎在变化。不同的观者或在不同的时间去看，感受似乎都不同。有时觉得她笑得舒畅温柔，有时又显得严肃，有时像是略含哀伤，有时甚至显出讥嘲和揶揄。

在一幅画中，光线的变化不能像在雕塑中产生那样大的差别。但在蒙娜·丽莎的脸上，微妙的阴影时隐时现，为她的双眼与唇部披上了一层面纱。而人的笑容主要表现在眼角和嘴角上，达·芬奇却偏把这些部位画得若隐若现，没有明确的界线，因此才会有这令人捉摸不定的"神秘的微笑"。

与米开朗基罗竞赛

在达·芬奇离开佛罗伦萨的日子里,这座艺术之都又出现了许多年轻的艺术家,米开朗基罗便是其中最著名的一个。

米开朗基罗的父亲出身贵族,但已经家道中落,困顿的生活使他形成粗暴的性格,经常打骂孩子。米开朗基罗从小就没有得到家庭的爱护,这让他的内心深处常常感到自卑,于是小小年纪就已经习惯用倔强的性格武装自己。

13岁时,米开朗基罗热爱上绘画,贵族出身的父亲轻视画家,坚决不同意儿子走上这条道路,但是无论他如何严打责骂,米开朗基罗誓死也不改变学画的初衷。于是,父亲只好向儿子妥协。

在一次偶然的机会里,年纪尚轻的米开朗基罗受到佛罗伦萨当时的大公洛伦佐的赏识,进入宫廷服务。

26岁时,米开朗基罗回到佛罗伦萨,正巧,达·芬奇也在此时回到自己的故乡。

1504年1月25日,达·芬奇和佛罗伦萨一群最杰出的艺术家们来到米开朗基罗的工作室里,观看米开朗基罗雕塑《大卫》像。

当时,米开朗基罗正穿着脏兮兮皱巴巴的工作服围着雕像做修饰。达·

芬奇与波提切利这两位在当地名声最为显赫的艺术家并肩走进来。达·芬奇同平常一样，穿着考究的紫红色外衣，戴着黑绒帽子，花白的长发从帽子下飘逸出来。

此刻，达·芬奇围着雪白的丝巾，胡子梳理得整整齐齐，饶有兴致地观看着这位新锐雕塑师的作品。"嗯，真不错。"达·芬奇以一个长者和经验丰富的艺术家的身份点评着作品，当然，他并不知道米开朗基罗的经历和个性。

老先生热心地说："技艺纯熟，真是个好作品，不过，左手似乎大了点。"米开朗基罗听到这话，心里就十分不舒服。

其实，米开朗基罗打第一眼看到打扮得衣冠楚楚、面相好看的达·芬奇就感到不顺眼，艺术家通常都比较清苦，怎么这个老家伙还这么富？

不想，达·芬奇又开口说话了，他说："咦，'大卫'是犹太人，应该行过割礼才对。他的武器还应该有卵石的呀，怎么没看到？"

米开朗基罗险些愤怒地叫起来，他想说，"你这明显是嫉妒，要不你来雕个看，自己雕不出来，竟然跑来挑毛病，哼！"

不过，碍于周围有很多人，自己又这么忙，米开朗基罗还是把火气压下了。不过，从此，在这个年轻雕塑家的心中也种下了讨厌达·芬奇的种子。

米开朗基罗从来就不喜欢别人批评他，尤其不能容忍同行对他的作品指手画脚。以他的观念来看，这就是同行的嫉妒。他坚决鄙视嫉妒。

然而，达·芬奇怎么会知道这些呢？他只不过是一个长不大的孩子，他的经历还算平坦，全部的精力都投入到对科学和艺术的不懈思索中了，哪里顾得上思考人与人之间的关系？

后来，米开朗基罗总是在公开场合不客气地对待达·芬奇，许多事情还和老画家对着干，这都让达·芬奇这个单纯的老人感到困惑，但是他没时间想太多，他还要做自己的科学实验呢！

当米开朗基罗终于完成了《大卫》这个杰作时，人们又在讨论该把这样的伟大作品安放在哪里。

有的人说放在广场的教堂前，大家又觉得不合适，毕竟这是一个裸体的青年男子。有的人提出放在元老院前，还有人提出放在花园里。

达·芬奇充满智慧地说："依我的经验，这样完美的艺术品如果放在露天里会被风吹雨打而损坏，还是放在市政厅广场的走廊上最好。"

米开朗基罗顿时生气了："不行，我的《大卫》坚决不能放在走廊里供人玩弄，这不是你的泥塑马，可以让法军作靶子玩！"脾气火暴的年轻人决定把塑像放到老宫殿门前，高高置于座上，让市民瞻仰。

人们面面相觑，谁都不发表意见了，达·芬奇也沉默起来，他感到很无辜。事后，他和已经与自己结成深厚友谊的蒙娜·丽莎提起这件事，说："我只是出于好心，把好的建议给他，可是他却不肯接受，唉！"

6月，《大卫》被安放到了老宫殿的大门口。拿去保护罩后，人们惊讶于这样栩栩如生、健美动人的雕塑，赞美之声不绝于耳。然而，由于米开朗基罗的偏见和任性，没有采纳达·芬奇的建议，使得他的《大卫》受到风吹日晒雨淋之苦，受到不小摧残，1512年受到一次雷击，1527年在一次动乱中左手三处受损。1873年后，才被送进艺术学院。

1504年10月，佛罗伦萨执政官索几里厄提议达·芬奇和米开朗基罗，每人在韦基奥宫新建的500人大厅各作一幅壁画。因为两人都是佛罗伦萨人，作为画家和雕塑家两人在意大利又同样负有盛名。

执政官要求在一年之内完成壁画。两人都画佛罗伦萨军队的胜利场面：米开朗基罗画对比萨之战，达·芬奇画佛罗伦萨军在安加利大胜米兰之役。

达·芬奇和米开朗基罗都接受了，制定了严格的契约。两位艺术家各回他们自己的画室设计他们的草稿。

年长的达·芬奇的《最后的晚餐》在米兰备受赞扬。米开朗基罗现在也已完成了大型雕塑《大卫》，他已到达他艺术创作的盛期，在艺术界正威名赫赫。

一些市民随着作品的进度把他们当作是一场罗马斗士般的竞赛，在双方的优点和风格上兴奋地争论。旁观者们分成两派，都认为自己支持的一方绝对会优于另一方，而且认为这场比赛的胜负会决定以后的画家到底是随达·芬奇对纤细微妙感情的喜好，还是随米开朗基罗对有力肌肉及有魅力的力量的偏好。

达·芬奇谨慎地准备他的草图。他参观在安加利交战地点的景色，读有关它的报告，制作了无数在战争的愤怒或死亡的痛苦中有关人和马的素描，他决定将动作放进他的画作中。

起初，他想画出屡战的广阔场景。在大厅的墙上，应该表现出这场值得纪念的战役的几个事件，在整体上提供这场战役的完整印象。

"要让人们感到空气中似乎弥漫着硝烟的气味，耳畔似乎响起战士的呐喊。"达·芬奇说，"战斗越是激烈，画面上的明暗差别也就越不明显。在描绘运动着的场面时，要使人感到风的存在。轻盈的东西应该飘起，而画面的各个部分也应和运动着的物体相配合。"

但是，随着工作的越来越深入，达·芬奇意识到应该简化此画。当然，对他来说，还需要找到就其严整性来说令人满意的和谐，这样的和谐同时必须提供激烈的战斗和厮杀者英勇的清晰印象。

米开朗基罗也画了一张又一张的草图。他在草图里描绘了14世纪比萨附近的卡森战事。比萨人试图趁战士们在阿诺河里洗澡的时候抓住他们，在营地里刚刚响起了警报。

画家以独具的匠心表现了游泳者各种各样的动态：一些人忙着从水里爬出来；另一些正在背枪支弹药，有的正穿铠甲，有的在抓武器。

达·芬奇描绘了人类激情在战斗时刻突然迸发的毫无掩饰的真实情景。米开朗基罗则描绘了活生生的、实实在在的人，他们那些被突然的战斗警报唤起的所有动作的最小细节，都是实实在在的。

原本米开朗基罗就不看好达·芬奇，现在，迫于这场比赛的压力下，更对他倍增厌恶之心。在创作韦基奥宫壁画的草图的过程中，米开朗基罗尽量避免与达·芬奇来往，并在心底对他抱有某种程度的偏见。

为了表示不友好的态度，米开朗基罗到韦基奥宫的时候，常常有意穿着相当破旧的衣服，外面还披一件缀补过的黑色斗篷。

达·芬奇为了完成这一幅杰作，最后，他决定最好以核心事件来表现骑手们的争斗，在草图上出现了骑在狂怒的马上的两个人，他们手伸向前去，要把旗帜夺下来，而旗手则紧紧抓住旗杆。旗手的一个同伴身着铠甲，举着沉重的剑前来帮忙。

还有两个落马的战士，他们正要站立起来，在临死之前的最后搏斗中，他们还要给对方致命的一击；右边，是一个以盾牌护身的战士。

在战斗的场景里，保持了完整性及令人窒息的紧张气氛，表现了厮杀者心理状态和动作的多种多样，以至于这个局部事件简略地说明了整个战斗。

人们惊讶地发现以画圣母闻名的达·芬奇，在以女性的温柔和娇媚吸引人们的同时，竟能描绘出如此生死冲突的激烈，以至于使整个佛罗伦萨在战栗，没有人会想到达·芬奇能想象或画出这么一幕爱国战争的景象。

达·芬奇的这幅令人惊叹的草图，很快被人们传播开了，以至于整个意大利的艺术家们从四面八方匆匆赶往这座城市，目的却只有一个，那就是亲眼看看这个柔美画家创造的奇迹。

拉斐尔和他的老师贝鲁奇诺在韦基奥宫出现了。年轻而同样声名远扬的艺术家惊喜地看着两件作品。

"哪一幅草图你更感兴趣，拉斐尔？"贝鲁奇诺问道。

拉斐尔深深地沉思了，他那美丽的、明朗的，有着太阳一般神情的脸，被阴影遮住了。他摇了摇长满浓密棕色鬈发的头。

年轻画家热情地说道："两人我都喜欢，两个人，老师，请您相信，我说这个是出自真心诚意，如果我对达·芬奇先生个人的美表示尊敬，那对米开朗基罗先生是不公正的，那我就会感到于心不安。"

没有哪两个人像达·芬奇和米开朗基罗那样缺乏相似之处了。

对科学的多方面的兴趣和考察者的天赋把达·芬奇从艺术中吸引开来，他在一个殷实的家庭里，受到良好教育，就像一株娇嫩的小草，女性的、关怀备至的手对他倍加珍爱。他美丽、优雅，穿着很得体，以其美好的素质超群出众。

米开朗基罗则是另外一回事，米开朗基罗相貌不美，举止也不文雅。他很少顾及所谓的"行为得体"，习惯当面把真话说出来，为了表示客气说什么也不昧良心。他不在乎是否能够博得宫廷或者教会的好感，他只对普通百姓感兴趣，只有在他们当中，他才感到自由自在、心情舒畅。

然而，这场艺术比赛最终却既无失败者，也无胜利者，因为壁画谁也没有完成。

最初，当转入壁画的绘制工作时，一贯追求完美的达·芬奇又在寻找一种更加令人满意的颜料，他没有拿起画笔，却投身到了研制完美的颜料配方的试验中。而米开朗基罗要对作品的某些细节作进一步的推敲，因此，也没能开始他的墙上绘画。不久米开朗基罗又被教皇尤利乌斯邀请去罗马工作了。

现在只剩下达·芬奇一人作画,人们都等着看大师的杰作。

1505年3月里,达·芬奇已经把底色涂满墙壁。他在一次偶然的阅读中,从有名的罗马学者的书里发现一种"蜡涂法"的绘画方法,这种古老的绘画方法效果好,具有光亮、洁净、保持永久的特点。追求新奇的画家便使用了蜡画法。

随后,达·芬奇给自己放了一个长长的春假,1505年春天到夏天的好几个月里,他不去想那幅壁画。他趁此时机接了市政议会修水利的工程。

夏天过后,达·芬奇才开始继续完成这幅壁画。现在,这幅描绘争夺战旗的壁画底图已经搬到了墙壁上,佛罗伦萨人争相涌进大厅,都想尽快目睹这幅可与《最后的晚餐》相媲美的巨型壁画。看到人们赞美着画家的高超技艺,被家乡人称赞让达·芬奇格外激动。

然而,由于天气转冷,墙上的涂料和黏合剂始终不干,达·芬奇开始着急起来。他有些迫不及待地想完成这幅画,成功即将带来的荣誉使这个老艺术家热血沸腾。

怎么才能干得快一些呢?总是喜欢突发奇想的达·芬奇那快速运转的头脑想到一个用火烘烤的快捷方法。急于求成,让这位拥有科学家身份的艺术家忘记了求证,就直接下令让助手把木炭盆搬到了壁画下。

达·芬奇的本意是想借助地板上火盆的热量将墙上的色彩固定住,但房间是潮湿的,天气又很冷,热力传达不到上面的部分。

灰泥不能吸收色彩,上面的颜色开始褪落,壁画似乎在变形,人物面庞扭曲了,淡漠了,淌下一条小溪。

人们惊呼起来:"烤化了,烤化了!"

"怎么回事?"达·芬奇急步趋前,助手手忙脚乱地搬走火盆。达·芬奇看到墙壁上正流着一道道五颜六色的蜡河。近一年的辛勤劳动毁于一旦,而任何疯狂的努力也不能修复这些损坏。

失望的人们幸灾乐祸地嘲笑这个糊涂的天才，市政府官员们也感到十分地愤怒和惋惜。

与此同时政府的财政出现了赤字，佛罗伦萨贵族院每个月只愿支付达·芬奇15个金币，而在米兰达·芬奇的聘用费用是这个数的10倍不止。最关键的是，一个不机警的官员竟然用铜币付他月薪。达·芬奇感到十分羞辱，拒绝再画下去了。

身在罗马的米开朗基罗听到这个消息，轻蔑地笑了。达·芬奇自己打败了自己，这让他感到很可笑。最终，不但两个人的壁画都没能完成，而且米开朗基罗的草图也未能流传下来。

两位艺术大师谁也未能战胜对方，换句话说，由于他们的草图都那么好，而壁画又都没有完成，这两位便都是优胜者。

这次空前绝后的高峰较量，就这样偃旗息鼓了。

水利师和飞行师

在达·芬奇为佛罗伦萨市政厅作壁画的日子里，他还抽出精力担任了一回政府的水利师。1505年春夏交接的时候，达·芬奇想起好久没有去看望可爱的蒙娜·丽莎了。一天，他穿戴整齐，沿着城市中心朝阳初升的街道向丽莎家走去。

初夏的佛罗伦萨，风景十分美丽。万里无云的晴空下有几只飞翔的白鸽，绿树间、繁花间不时传来清脆的小鸟的叫声，运河的河水碧波荡漾，各种颜色和式样的小船穿行其中，达·芬奇兴趣盎然地观赏着这一切。

正在达·芬奇看得入迷的时候，有人上前来招呼他："您好，伟大的艺术家，好久不见啦！"

达·芬奇循着声音望去，看见一位衣冠整齐的绅士，这人是达·芬奇在凯撒·波尔金军队服务时的故交，现在已经在市政议会为自己谋得了一个不错的职位。

老朋友亲切地向达·芬奇嘘寒问暖，两个人随即寒暄了起来。达·芬奇得知自己的这位好朋友现在正担任市政议会的秘书，同时还是国家首脑的顾问，感到很欣慰。

许久不见，老朋友对这位伟大的艺术家似乎有讲不完的话，一定要邀请达·芬奇喝上两杯。盛情难却，达·芬奇于是跟随朋友到一家酒馆里小聚片刻。

两个人在酒馆里一边喝着地道的葡萄酒一边谈起往事，自然提到了从前的上司波尔金公爵。达·芬奇得知他已经从监狱中逃脱了，如今，公爵躲在姐夫的军队里，正策划如何卷土重来呢。

"哦，那可不妙啊！战争实在是太残酷的东西啦，他让老百姓的日子不好过啊！"达·芬奇担忧地说。

"是啊，是啊，像我们与比萨的战争拖了这么久，真是劳民伤财啊！"身为市政议会官员的老朋友说。

达·芬奇于是来了精神，毕竟他有过一年多军事工程师的经验，对战争也分析得透彻。他滔滔不绝地阐述了自己对于佛罗伦萨边防的想法。

老艺术家说起了无休止的比萨战争持续那么久的原因，归根结底，还不是因为横穿比萨城的阿尔诺河为比萨人运去大批的食物和弹药吗！

达·芬奇大胆地断定说："如果位于上游的佛罗伦萨使阿尔诺河改道，比萨人一定会被迫求和的。"

达·芬奇提出的这个新奇想法，马上引起了市政议会秘书的兴趣。这位老朋友忙向达·芬奇询问具体的设计施工方案，达·芬奇认真地谈了他考虑过几天的计划。

市政议会秘书非常看好这个构想，当场决定第二天就把这个构想上报给当局机关："达·芬奇先生，我明天就向市政议会的长官汇报您的计划。您等着好消息吧！"

没过多久，市政议会经过周密的商讨，批准了这个宏伟的水利工程，并且任命达·芬奇为这项水利工程的总指挥。

蒙娜·丽莎听说了这件事后，认为在这个时候，达·芬奇去当所谓的水利师是很不明智的事情。

于是，她苦口规劝道："大师，我觉得您还是应该集中精力先画好壁画，这才是你展示才华的好机会，要知道，佛罗伦萨是多么需要您的这幅作品啊！"

蒙娜·丽莎以为这样就可以引起画家的高度重视了，但是让她没想到的是，此时的达·芬奇对待科学发明和工程建筑已经到了痴迷的境界。绘画对他来说，已经可以很容易就创作出伟大的作品了，他需要的是对更多领域更高的探索。

一连几个月，蒙娜·丽莎都没有见到达·芬奇的身影。因为，这个时候，达·芬奇正驾驶着马车往返于佛罗伦萨军队司令部和阿尔诺河改道工程间。他热情高涨，精神饱满，并且信心百倍，认为自己一定可以通过对阿尔诺河河道的改造来结束比萨战争。

对于让一个艺术家来改造河道，还要军队抽调大批的工程技术人员和战士们来配合，那些久经战场的军队统帅们感到不屑一顾。

他们借口要保持军队的作战力，只允许自己派去的兵士做监工，体力工作要求政府额外雇佣民工来做。为了得到军队的配合，市政议会也只有答应这个条件。

政府以每天10个铜币的薪水雇佣大批民工按勘探好的河道线路挖掘新河道，军队则派遣大批兵士监督民工们日夜奋战。这些兵士都很凶狠，劳动的民工们谁要慢一些或者休息一会儿，督工的兵士就会毫不留情地用鞭子抽打他们，经常有民工被抽打致伤。

然而，达·芬奇并没有注意到这些用人方面的不协调，他擅长的是科学研究，而非人事管理，这就为后来工程的失败埋下了祸根。

每天，达·芬奇把工程的具体实施一安排下去，就独自一人跋涉在阿尔诺河发源地的大草原上做勘探工作。他戴着宽边的草帽，拿着绘图和丈量的工具，腰间还挂着墨水瓶和笔记本，领着几个助手不知疲惫地测量着、计算着。

阿尔诺草原上风很大，烈日炎炎，达·芬奇趔趔趄趄地走着、量着、画着，累了便坐到树荫下休息。由于喜欢自己做的事业，达·芬奇感到心情很愉快，他时常以艺术家的眼光欣赏着草原的风光。

在他的笔记本上，人们看到他对大自然的美丽描述：

太阳照射在树叶上，看上去像透明的绿玻璃一样，在阳光下，柏树似乎是黑色的，而梨树呈现出黄绿色。中午时分，原野被蓝色笼罩。

达·芬奇精神抖擞地指挥着宏大的工程。他让勘探人员探测他设计的新河道线路，工地上人欢马叫，响声一片。宏大的阿尔诺河改道工程轰轰烈烈、热火朝天地进行着。以达·芬奇最初的构想，要不了几个月，河道改造工程就会竣工，比萨人没有了粮草供应，很快就会投降。

7月和8月两个月间，工程按计划进行着，新河道的挖掘工作确实进展了不少。但是到了9月，达·芬奇和施工队们都遇到了难题。原来，河道要经过一片树林，要想工程顺利进行，就必须砍掉这些树木。

于是，达·芬奇下令让民工砍倒树木烧掉野草，让挖掘变得容易一些。但是，这样一来，民工们的体力消耗就大了，工程进度也开始慢了下来。督工兵士们依旧咒骂和鞭抽这些民工，但都无法使精疲力竭的民工们干得更快一些。

这个时候，达·芬奇接到了家里传来的噩耗，他的老父亲去世了。父亲是达·芬奇在这个世上最亲的人，他感到很伤心，但是偌大的工程一刻也离不开这位工程师，为此，达·芬奇只能忍痛缺席了父亲的葬礼，只在笔记本上作了记录。这件事，让继母和其他的兄弟姐妹对他产生了很大的意见。

9月底，达·芬奇经过实地的勘测和施工，又构想出了一个新计划，就是在佛罗伦萨城里建造两条运河。达·芬奇的想法是让一条运河直通大海，灌溉佛罗伦萨的每寸土地；另一条运河则连通佛罗伦萨的每个城镇，用于运输物资，来繁荣佛罗伦萨的工业和贸易。

达·芬奇在市政议会上阐述了他的新构想，公布了计划的可行性方案，市政议员们被开通运河后即将产生的巨大经济利益诱惑了，一致拍案接受了达·芬奇的建造方案。

　　达·芬奇的新方案使得工程施工变得更加庞大了。于是，达·芬奇运筹帷幄，想好好地大干一场。但是，达·芬奇疏忽了一点，他的这个构想按当时大多数佛罗伦萨人的想法来看，是没法接受的。要知道，他当时对水利学的研究比意大利的学者克斯铁列起码还要早上一个世纪。

　　所以，在这个项目上，军队仍然不给予配合，只是强迫民工们在极其恶劣的环境下连续地疲劳作业，导致人们怨声载道。另外，疲劳作业又耽误了工程的进度，导致到了秋季，亚诺河河道的改造工程还没有结束，问题就跟着来了。

　　从深秋时分起，天空便连降暴雨，河水像脱缰的野马肆虐开来，已经被填平了的旧河道汹涌澎湃，不久就积满了河水，新河道却无法正常使用。

　　工地上施工的人们看到肆意泛滥的河水，内心感到十分恐慌。街头巷尾，人们议论开了，认为连日来的暴雨一定是上帝惩罚人类而降的。迷信的民工和兵士们害怕上帝的惩罚，趁着深夜逃离了工地，施工工程彻底瘫痪了。

　　当时，还是宗教思想处于垄断地位的时候，市政议员们也害怕这样庞大的工程会触怒上帝的威严，而且重整旗鼓重新施工的话会耗费更多的物资，政府的财政日益吃紧，谁也不敢担当这样的责任。在议员们的坚持下，达·芬奇被迫放弃这个倒霉的工程。

　　放弃了水利工程师的工作后，达·芬奇又拿起画笔继续为市政议会绘制壁画。人们以为达·芬奇运河改造工程失败了，就会停止科学探索和发明创造的想法，规规矩矩做一个画家了。佛罗伦萨人和蒙娜·丽莎都相信大师干起自己的老本行后，一定会创作出与《最后的晚餐》相媲美的伟大作品。

　　在一般人眼里，达·芬奇的专职就应该是绘画，他只要把绘画的工作做好就应该满足了。然而，伟大的人物与普通人的区别就在于此。这也是达·芬奇感到孤独的地方。

一个天才永远不会停止对于自己和对于宇宙的探索，他存在的天职就是以自己的实践来启发后人，事实证明，正是达·芬奇对于自然科学的孜孜不倦的探索，才加速了人类在自然科学研究领域的发展进程。

没过多久，他就又积极投身到发明飞机的试验中去了。制造飞机是达·芬奇长期以来的一个想法。小的时候，达·芬奇在芬奇镇老家时，就经常隔着窗户仰望天空中飞翔的小鸟，他多么希望有一天自己也可以像小鸟一样在天空中自由飞翔啊！

所以，当人们还在为米开朗基罗和达·芬奇两位大师的竞技不能进行下去而惋惜的时候，达·芬奇也旋即在人们的视野中消失了。他悄悄回到了芬奇镇，在他那高速运转的大脑里又重新燃起飞行的梦想。

早在米兰时，达·芬奇已开始认真地思索飞行问题。从纯粹空想式的无根据的机制出发，他随即认识到，在这动摇的基础上是造不成任何真实的东西的。应该对鸟儿的飞行研究到最细微的地步，研究可以看见鸟儿翼的运动和它们的飞行。应该仔细研究许多问题，如空气的浮力、堕力、翼的构造等。

现在，达·芬奇先是积累有关飞行的各种数据和资料。他到山里观察鸟儿飞行的姿势，详细研究了它们的翅膀及尾部的动作，它们的起飞、滑行、转向以及降落的机能。在那里，达·芬奇常常目不转睛地盯着在山间飞旋的老鹰，他看见它们在空中展着双翅一动不动地滑行着，平稳、优美、矫健。

晚上，达·芬奇读有关飞行的书籍，摘录记载飞行的有用材料，然后用直尺画出各种类似鸟儿的图案。

达·芬奇越来越兴奋，他把研究的心得用写信的方式，告诉蒙娜·丽莎，与自己的这位红颜知己分享，蒙娜·丽莎很为科学家的研究惊叹。

热爱飞行发明的人还不止达·芬奇一个。一天，他遇到同乡的老神父，年近60岁的亚里士多罗，这位和蔼可亲的乡间神父还是达·芬奇继母阿尔别拉的亲戚。

亚里士多罗只是位普通的乡间神父，没有得到主教和红衣主教的任命。

达·芬奇把自己的飞行研究讲给老神父听，亚里士多罗听说后感到异常激动，他希望可以帮助大师完成这个梦想。

他得知达·芬奇需要一处制造机械的场地，就热情地邀请他到自己的花园里做这样的发明，那里有一大片闲置无用的工棚，是教区长很久以前用来打制教堂用品的工房。工棚里各种工具都齐全，这让达·芬奇狂喜不已，没想到他可以马上开始飞行器的制作了。为此，大师对老神父心怀一片感激。

达·芬奇热情地投入到发明创造中，在研究飞行问题到最高潮的时候，他记下了值得注意的想法：

鸟儿是按数学法则而推动的机器，这种机器，人是完全有能力来制造的；

这机器只缺少鸟儿的灵魂，这灵魂本来应该模仿人的灵魂的。

达·芬奇还反复研究复杂的杠杆装置、缆索和滑车。慢慢地，他发现蝙蝠的飞行原理更容易被人类模仿。他在手稿中画出了这类机器的草图，并说："记住，你的鸟儿应该模仿的不是别的，而是蝙蝠，因为它的膜构成了骨架，或者更准确些说，构成骨架之间的联系。"

整个夏天，60岁的亚里士多罗和51岁的达·芬奇像两个狂热的少年，在工棚里废寝忘食地工作着。两个朋友一起去野外割芦苇，到山里找野藤，把芦苇绑扎起来做飞机架子，用亚麻布蒙在这个60英尺长的蝙蝠似的架子上。

达·芬奇还在飞行器上放置一个螺旋器。他设想如果这个螺旋很容易扭上，那人可以用双足奔跑使螺旋转动，同时双翼快速振动，这样飞行器就会飞到空中，螺旋将使它在空中盘旋上升。

3个多月后，庞然大物完工了，这种飞行器被称为"鸟"，它是用芦苇、亚麻布、羽毛、生丝等原料制成的。两位朋友开始进山寻找试验飞行的理想场地。这种场地既要有一定高度，又要有平地，前面还需要足够的供飞行的空间。

经过反反复复的观察与比较，最后，他们在天鹅山山顶上找到一块高地，这是一个绰号叫西塞罗的裸露的小丘。

一个天气晴朗、有风的日子里，热心又好奇的邻居帮科学家把"鸟"搬运到天鹅山上。

达·芬奇抓着"鸟"的平衡架，在身边人的帮助下，快速向悬崖边奔去。正如他所料，螺旋真的转动起来，"鸟"的双翼也产生了振动，当"鸟"从高高的悬崖边向空中滑去的那一瞬间，达·芬奇真的飞起来了。

被一阵风护送着，科学家已经完全脱离地面，他兴奋地大喊大叫着。但是，螺旋的动力仍然太小了，"鸟"飞起不久便像折断了翅膀一样，向大山下俯冲下去。

达·芬奇听到耳边风声呼呼作响，但是他没有办法控制这种事态，眼睁睁地看着自己落入山下，撞到地面，便失去知觉了。

当达·芬奇从黑暗中醒来时，看见老神父正陪在他身边，为他不断地祈祷上帝。达·芬奇向老神父要来笔记本和笔，支撑着伤痛的身体记下这次飞行的感受和心得。

达·芬奇意识到他的飞行研究碰到了一个根本而决定性的困难：

即他不能供给自己的"鸟"以灵魂。换句话说，他不能够供给它以发动机。人的体力显然不足以使达·芬奇所设想的飞行器平稳地飞起来。

但是，达·芬奇还是为这次的飞行试验感到骄傲，他在笔记本中这样写道：

大鸟儿破天荒第一次从大天鹅的背上起飞，使整个宇宙大为震惊，使一切文字记载充满关于自己的传说，并使它在那里诞生的巢永远充满光荣。

古往今来不知多少人在做着飞行梦，达·芬奇是历史上较早尝试飞行的人之一，虽然他失败了，但是他的飞行试验却给后人提供了启发和指导作用。

多年后，科学家根据达·芬奇的经验，依据这类原理又做了许多试验。人们把依据这种原理飞起来的飞行器称为"扑翼飞机"。

暮年岁月

无论掌握哪一种知识，对智力都是有用的，它会把无用的东西抛开而把好的东西保留住。

——达·芬奇

第二故乡的召唤

作品《蒙娜·丽莎》的问世,在佛罗伦萨掀起了热潮,但成功的创作并未使达·芬奇的脸上浮现出一丝笑容,他已经厌倦了。

与初到佛罗伦萨时的情形不一样,现在有大量令人感兴趣的订货在等着他。生活稳定,事业有成,然而,他却时不时对学生说:"该收拾东西离开这座城市了。"

他对绘画越来越厌烦,将大部分时间都花在几何学上,而他的这份努力被认为是无用的。在某些人眼里,达·芬奇过于高傲和自负。他的这种性格得罪了不少佛罗伦萨人,而他在韦基奥宫墙上的壁画又给佛罗伦萨人心里造成了阴影。这让他本人感到很烦恼。

在艺术家如林的佛罗伦萨,同行之间常常相互嫉妒。有人趁机指责他对米兰的向往,指责他对故乡缺乏感情。

人们说:"达·芬奇在米兰服务长达17年之久,而为故乡做这么一点小事都不愿意,大师对故乡太缺乏爱恋!"

这让达·芬奇感到更加委屈。他对故乡怎么会没有感情呢,如果是那样的话,他就不会回来了。

然而,尽管达·芬奇热爱着自己的故乡,但却对它愈加陌生起来。大师意识到自己在佛罗伦萨是个孤独的、郁闷的人,如果继续待在这里的话,他将什么都做不出来了。

达·芬奇常常怀念起莫罗大公统治时,他在米兰做艺术之王的日子,那是他艺术生命的顶峰时期。

1506年,达·芬奇接到了法国驻米兰总督查理·达·安波斯的信函,说请达·芬奇去米兰完成一些作品,同时,为他本人绘制一幅肖像。

米兰对这位伟大的艺术家一直念念不忘，玛利亚·德尔·格雷齐修道院那幅《最后的晚餐》不断向世人昭示着达·芬奇的天才。

达·芬奇也越发思念米兰了，他向佛罗伦萨执政官索代里尼请求离开。索代里尼极为生气，马上回绝了他，并严肃地告诉他，在未给佛罗伦萨留下值得骄傲的东西之前休想赶往米兰。

达·芬奇无可奈何，只能回信向总督大人说明自己的处境，现在的他不是自由之身，只能辜负法王的好意了。

查理·达·安波斯回信说："达·芬奇先生，您还是收拾行李准备离开吧，法王要做的事怎么能有做不到的？"

两个月后，索代里尼果然同意了达·芬奇去米兰的请求，但条件是他3个月后必须回来，否则罚150个金币。

达·芬奇终于要离开佛罗伦萨了，在离开之前，达·芬奇还要对承接的订货有个交代。此刻，他还有两项没有完成的重要合同：市政厅大会议厅壁画和安农查塔教堂保护人定制的《圣安娜》。

两件作品之所以没能结束，是因为画家过于沉浸在《蒙娜·丽莎》的创作当中了。经过协商，最后，这两项重要合同都得到了延期。

这次去米兰，画家只带上了义子萨拉伊和他最得力的助手佐罗阿斯特罗，而画室则由留下的学生照料。

达·芬奇回到芬奇镇看望了亲人，看望了那里的一草一木。再次离别故乡，他的心是无奈、不忍和忧伤的。科学研究和绘画事业都要求他在一种平静的、没有纷争和烦恼的环境下进行，为此，大师不得不奔走米兰。

从佛罗伦萨到米兰的途中，他收了一名得意弟子，这个人就是佛朗切斯科·麦尔兹。那个当年的小麦尔兹，经过了几年的成长，已经长成了一个举止优雅的绅士，但他仍然酷爱绘画，他恳切地请求达·

芬奇收他为徒。

达·芬奇检查了几年中小麦尔兹的一大堆素描和平面图后，看出这个青年是个速写天才。于是，兑现了当年收小麦尔兹为徒的诺言，把他一同带到了米兰。

达·芬奇在前往米兰的途中又绕道去了威尼斯，那儿正在展出威尼斯画派的重要代表乔尔乔内的新作《卡斯特尔弗朗科圣母》。达·芬奇与乔尔乔内是老朋友，这次他是专程来看老朋友的。

达·芬奇对几年前与年轻的乔尔乔内结下的友谊仍然记忆犹新。他们是相见恨晚的知音。乔尔乔内从达·芬奇那里学到的"明暗法"，使他一生都受益无穷。

威尼斯画派通常只强调简单的色彩运用，以实体感来表现形态。乔尔乔内将"明暗法"引进威尼斯画派的绘画技巧当中，使这位年轻的画家在该画派中的地位更加突出。在《卡斯特尔弗朗科圣母》这幅画中，画家就运用了这种技巧。

达·芬奇的到来，令乔尔乔内异常地高兴，他真诚地请求大师为自己的新作提出宝贵意见。达·芬奇对年轻画家在整幅画中圆熟的技巧和色彩、光线恰到好处的运用给予了高度赞扬。

他说："乔尔乔内，我忠实的朋友，你是我们这个时代最有才华的年轻人。"

日行夜宿，达·芬奇终于又踏上了米兰这片土地。以往在米兰的日子又浮现在达·芬奇的脑海里。

他想起米兰大公莫罗，以及城堡、歌舞，还有他画过的美女泽兹莉亚、露卡列茨亚……如今，这一切都已物是人非，变成过眼浮云。

米兰大公莫罗已经故去，新一任的统治者又会怎样对待达·芬呢？这恐怕谁也无从猜想。

达·芬奇将刚完成的《纺纱圣母》也带到了米兰，这幅画面是儿时的耶稣把小脚伸进盛毛的提篮里，他笑着，调皮地抓住纺锤，要把它从母亲手中拿走。

这是法王路易十二世的秘书罗伯特的订货，是大师在佛罗伦萨完成的。一到米兰，他就把这幅画交到了罗伯特手中。这幅画使达·芬奇又一次在米兰引起了轰动。

转眼，3个月的期限到了，但是为法国总督绘制的肖像还没有完成。当达·芬奇同法国总督商量先回佛罗伦萨一段时间时，法国总督觉得没那个必要。他认为佛罗伦萨人应该为米兰效力，包括执政官在内。

于是，总督大人派人给佛罗伦萨执政官送去一封信，信上说："我们还需要列奥纳多·达·芬奇完成一些画幅，请执政官阁下给大师延续假期，以便他能在米兰多停留一段时间。"

没想到，索代里尼看到信后，大发雷霆，他向法王路易十二提出申诉，要求总督信守承诺，遣回达·芬奇，但是被法王礼貌地拒绝了。

法王回信说："佛罗伦萨执政官阁下，我很欣赏贵国公民达·芬奇的才能。请您批准他为我的御前画家和工程师。"

索代里尼不敢违拗这一欧洲强国之君的要求，只好勉为其难地同意达·芬奇继续留在米兰。

达·芬奇没有选择的权利，他也只能听凭政治的安排，但是留在米兰也是合乎大师的心意的。安适的环境，使得达·芬奇能够以巨大的热情投入到创作和科学中，开创了自己的第二米兰时期。

第二米兰时期

1507年,达·芬奇受到法王的重用,法王安排达·芬奇做御前画家和工程师,并给他发放了一笔不菲的养老金。

不久,法国总督请他设计总督夏宫。达·芬奇继续发挥自己的奇思妙想,他设想在夏宫里安上喷水暗孔,用四周喷出的猛烈水流冲击不速之客;还要在夏宫里安装许多能够奏出美妙音乐的风车,使得夏天的花园总是充满诗情画意。

达·芬奇超前的设想,让总督大人惊叹不已。

艺术家把这种设想记录在了笔记本上:"这样,在你的周围,不仅有花香、青松和甜橙发出的芳香气味,还会有音乐可供欣赏。"

虽然,后来,夏宫的建造没能完成,但是达·芬奇的设想却给后人提供了启发,即使到今天都不过时。

这段时间,达·芬奇还集中精力写了关于绘画理论的文章《绘画论》,发表了他对绘画的一些精辟看法,论述了有关绘画的一些技巧问题。

文章里,达·芬奇还把自己解剖人体后得到的科学数据公布出来,为后世画家绘制人体提供了理论基础。

1509年,达·芬奇的老朋友卢卡·巴却里在威尼斯出版了一部数学著作《神圣比例》。达·芬奇参与编辑了整本书的最后一个部分,还为该书画了60多幅插图。书出版后,反响很好。

达·芬奇住在米兰,过着富裕的日子,为住在这里的新的统治者服务。

法王委托达·芬奇为米兰开发运河和建立灌溉水系。经过一年多的努力，达·芬奇设计出灌溉伦巴第的草场和耕地的最佳方案，建造了圣赫里斯托冯运河上的水闸，建立了一整套运河系统，这些水利工程都获得了成功，有些至今仍被使用。

达·芬奇的智慧再次得到米兰人的肯定。人们惊叹于大师旺盛的精力，认为能在如此短的时间里建造这样伟大的水利工程是件非常了不起的事。

然而，更让他们吃惊的是，大师同时还在进行着大量的艺术创作。达·芬奇第二次留在米兰期间，继续履约一份24年前的合同，为佛罗伦萨修道院画《圣母玛利亚游山》画，现在这幅画保存在伦敦国家画廊里。

紧接着，达·芬奇又画了《圣安娜》《圣人约翰》《巴克斯》等画。这些画大多色彩艳丽，每个人物脸上都挂着一种奇特的微笑。这微笑有智慧、有悲哀、有鄙夷，最突出的是怜悯。人们把这种笑叫"芬奇式的微笑"，也有人称他为"笑容画家"。

在达·芬奇的第二米兰时期，有两幅著名的绘画值得一提：它们分别是《丽达与天鹅》和《圣安娜》。

《丽达与天鹅》这幅画取材于希腊神话故事。丽达是一位美丽的仙女，居住在人迹罕至的孤岛上。这里风景优美，气候宜人，然而丽达却孑然一身，感到非常的孤寂。她常常躺在绿荫之下仰视天空，望着变幻莫测的浮云。

在对丽达的描绘上，达·芬奇一方面突出了仙女的形体美，她那裸露的身体显示了青春的活力，柔美、迷人。另一方面，画家又十分注意渲染仙女内心的情感，她那稍稍流露出的内心喜悦和羞怯之情跃然纸上。

作者在这幅画中再现了美好的神话故事。整个画面生机勃勃，情趣盎然。他着重描绘了丽达和天鹅在一起的生动情景。

丽达在某一天，见到一只晶莹洁白的大天鹅，由远及近，从天而降，令她十分惊喜。这是一只长得十分健美的公鹅，它走向丽达，依偎在了仙女的身旁。

丽达与天鹅成了亲密的朋友，她轻轻地抚弄着它那洁白美丽的羽毛。然而，这位孤单寂寞的仙女没想到的是，这只天鹅竟会是"众神之父、万人之王"宙斯变的。他们相爱了，结成了伴侣。

后来，丽达怀了孕，生下一个大鹅蛋，破蛋而出的是两个男孩子，一个名叫卡斯托尔，另一个名叫波吕克斯。

画面背景非常优美，有蔚蓝的天空、耸立的群山、静静的湖泊；还有漂亮的房屋、美丽的花草树木、小桥流水。前景突出了丽达裸体形象和矫健的天鹅，画面左下角是一对可爱的幼儿在争夺着一朵鲜花。这幅画体现了达·芬奇先进的人文主义思想，是画家对人生和大自然的赞美和讴歌。它歌颂了人们对美好生活的向往，对爱情的渴望和追求。

达·芬奇又开始重新画《圣安娜》了，这是画家这个时期的另一幅作品。虽然，这幅画的草图《圣母子、圣安娜和圣约翰》留在了佛罗伦萨，但它早已印在画家的脑海里。在这幅画的创作中，达·芬奇还让学生参与了进来，终于把它画成了成品之作。

画家在这幅《圣安娜》中，发展了《岩间圣母》这个老画题，着重表现了互相联系的三代人：长者安娜，年龄虽大，但心灵永远年轻，这表现在她那总是容光焕发的、充满笑容的脸上。

这样的微笑感染了旁边的玛利亚，她们代表现在和过去，而被照料的小耶稣则代表着将来。同时，小耶稣正和一头小羊羔戏耍，表现了人和自然的和谐统一。

达·芬奇热爱自然，也呼吁尊重人的生命！

如果没有再次发生战争，达·芬奇的晚年也许就在米兰度过了，然而，一切似乎是宿命的安排，没过多久，米兰动荡的生活又开始了。

无奈作别米兰

1511年，米兰开始不平静了。近乎穷兵黩武的教皇尤里二世，这个法国国王曾经的同盟者，因为惧怕法国继续扩大在欧洲的影响，集结了由威尼斯人和瑞士人组成的军队，开始驱赶统治意大利的法国人。

紧接着，昔日米兰的统治者路德维柯·莫罗的儿子马克西米连·斯福查带着两万瑞士雇佣军开进米兰。经过一场浴血奋战，马克西米连·斯福查的军队打败了法国人，恢复了自己家族对故地的统治。米兰公国的旗帜再次飘扬在了城市的上空。

马克西米连拜访了列奥纳多·达·芬奇。他还记得自己小时候就曾坐在达·芬奇膝上，听好听的故事。那时候，他眼中的达·芬奇年轻力壮、精力充沛、身材修长而灵巧，是个多才多艺、风度翩翩的长辈。现在这个昔年以力量闻名的画家，已变成胡须银白的60岁老人了。

马克西米连·斯福查同达·芬奇一起缅怀了过去的岁月，往事历历在目。这个年轻人比他的父亲更渴望成功，更希望米兰能够成为意大利各公国的一面旗帜，因此他对具有多方面才能的达·芬奇先生特别尊敬。

在达·芬奇的工作室里，马克西米连看到一座小的青铜雕像。这是一位肌肉强健的裸体骑士正驾驭着一匹双脚立起的骏马。他知道这正是斯福查元帅纪念碑的小型模型。

铜像在年轻大公的心里唤起了一种深深的遗憾。他回忆起达·芬奇的"伟大巨像"被法国大兵毁掉的耻辱。这件巨塑本来是要浇铸成铜像，让斯福查家族的勇士流芳百世的。

但是，马克西米连还很年轻，对未来充满信心，他连连鼓励年迈的艺术家也能振奋精神，在艺术上创造第二次青春。他请达·芬奇设计米兰的城市规划方案，主持大型雕塑作品。

年轻人说："米兰，应该在战火后拥有自己的第二次青春。"

这一席话，让达·芬奇热泪盈眶，对未来重新燃起了希望。像大多数米兰人一样，达·芬奇以为，马克西米连返回米兰，这座城市可以恢复平静了。但是，这次他又想错了。

马克西米连借来的瑞士军队，请神容易送神难，他们在米兰纵火抢劫；还有别的匪帮也乘乱打劫。外国人和当地匪帮的不断袭扰和抢掠，使这一地区陷入了完全的疲惫：房屋被毁坏、财产遭洗劫、良田遭践踏……

米兰人绝望了，他们丢弃家园，四处流浪，听天由命。

达·芬奇为了他心底里的希望，又在米兰待了一段时间，他闭门不出，写了些有关科学与艺术的笔记。但希望的曙光迟迟不能再现。

年迈的达·芬奇再也经不起折腾了。在争斗中，马克西米连一会儿失败，一会儿又重获优势，谁也不能确定未来有没有希望。

达·芬奇要起程了，他决定离开米兰去寻找艺术的栖身之地。他听说美第奇家族的人被选为教皇。他认为自己在美第奇家族统治下的罗马可以寻找到一席之地。

于是，他把"家庭"成员召集在画室里，宣布他的决定。

他说："孩子们，我们的米兰变得越来越糟糕了。这座城市已不再属于我们，不再属于和平，我们必须尽早离开米兰，对，尽早离开米兰！"

同学们也都同意老师的决定，他们问："我们去哪里呢？"

达·芬奇分析了眼下的局势说："这时候，我们最明智的选择就是到罗马去。那是一个包罗万象的城市，在那里，人人都能找到各自的位置。据我所知，朱利亚诺·美第奇已经成为那里的红衣主教，我去找他谈谈，我想我们会被欢迎的。"

同学们一致同意老师的看法。"去罗马！"大家说，"欢乐、痛苦、饥饿、死亡遍地都有，但是，我们不能失去伟大的列奥那多·达·芬奇！"

然而，有一个人却不愿意和老师一起走。他就是达·芬奇当年从街上捡回来的孤儿卡普罗吉斯，他确实对绘画和研究科学这种孤独的生活不感兴趣。一天夜里，卡普罗吉斯悄悄地溜到街上再也没有回来。达·芬奇为这个孩子感到惋惜，也只能随他去了。

接着，达·芬奇回到佛罗伦萨，他在1507年、1509年及1511年，都曾短期回到这里过。法国人离开后，朱利安诺·美第奇就一直驻扎在这里。

战争起来后不久，教皇尤里二世就去世了。皇位落到了豪华者洛伦佐的儿子乔万尼·美第奇手里，名为利奥十世。美第奇家族的地位在欧洲达到了顶峰。

这次，他就是来找教皇利奥十世的兄弟朱利亚诺的，朱利亚诺已成为罗马的红衣主教，即将赴任。达·芬奇请求他把自己引荐给新教皇。朱利亚诺爽快地答应了。

于是达·芬奇带着他弟子中的4人出发了，他们的仆人也一齐赶着骡子，运着全部家当朝着罗马进发了。

投靠罗马教皇

达·芬奇带着他的一班人骑马朝罗马进发了。一行人穿过亚平宁山脉的峡谷,然后,又来到了汉文平原。索拉克特在阳光下闪耀,就像一个巨大的银块。

正午时分,他们行进在台伯河浇灌的原野中间。一个高高的树林繁茂的小丘上,高耸着波哲阿城堡有雉堞的塔楼。

在路上,达·芬奇和学生们遇见不少去罗马朝拜新教皇的香客。年已花甲的达·芬奇似乎又焕发出年轻时代的那种血气方刚的朝气。他想和那些狂热地迷恋宗教、崇拜教皇的人开个玩笑。

于是,他从旅行袋中掏出一些空的、注满空气的动物的内脏,然后放入空中,那些内脏像着了魔似的随风飘荡,一直飘荡到香客的头顶。香客们吓得惊叫起来,仓皇躲避,仿佛大难临头,他们倒退着,躲闪着,不停地往胸前画着十字。

达·芬奇和他的学生们哈哈大笑,这是一次关于气球的试验,科学向愚昧进行的一次小小的挑战。

达·芬奇和他的学生们来到了一片黄草地。那儿显得阴沉,芦苇覆盖着泥沼，沼泽里有毒气放出，树叶和草都显得发黄，荒草上四面不见人迹。偶尔遇上一些墓碑，或者一些打坏了的圆柱。野兽在发狂地咆哮，在旷野中狂奔。

达·芬奇在经历了艰难的行程之后，终于到达了被称作永恒之城的罗马。达·芬奇看见在城堡上，飘着一面绣着两把钥匙的旗子，这就是传说中的"圣彼得的钥匙"，圣彼得是罗马的保护神。

达·芬奇和学生正赶上了人们觐见教皇的前夜。朝圣教皇是天主教的盛大仪式。

此时，罗马被用鲜花拱门和彩灯装饰起来，台伯河上满是金色的、挂着各种彩旗的大船。沿着街道移动着游行队伍，红衣主教穿着红色的长袍，骑在驴子上，罗马的显贵穿着华丽的衣服，主教们穿着严肃的教会服装，即使那些少年男侍和仆人也都穿得整整齐齐。

人们拼命穿过人群密集的大街，接近白旗拥着的穿着华丽的主教的身躯。教皇的御林军由瑞士人组成，守卫在两旁。

达·芬奇和他的学生们只好绕道而行，在第一个遇见的小酒馆里停了下来，以便长途跋涉之后进行一下休整。

酒馆老板殷勤地招待了他们，给他们斟酒，并讲述了罗马的情况："从陛下继任以来，我们就没停止娱乐过。在城市里，酒比以前喝得更多了，梵蒂冈是那样热闹，好像永远都是狂欢节。我们的教皇欣赏画家、音乐家、诗人，在这些人当中，他尤其喜爱拉斐尔。"

酒馆老板最后告诉大家："对了，明天早晨，穿着全套服装的圣父要向人民祝福，那场面一定很好看。"

达·芬奇的学生兴奋地说："那一定很有趣！"

第二天，达·芬奇和学生来到梵蒂冈，那儿已经聚集了很多的人，赞美的欢呼声震耳欲聋。突然，教皇的金色轿子出现了。喧哗声渐渐静了下来，人们把目光全都转向了教皇来的方向。

教皇的三重皇冠缀满宝石，华丽的皇袍在阳光下闪闪发亮，镶在鞋子上的红色宝石十字架发出夺目的光彩。少年男侍在他头上举着金黄色的、带有闪光璎络的华盖。

达·芬奇审视着教皇，他的脸虚胖松弛，大大的脑袋上一双眼睛眯缝着，目光像镀上一层锡一般的呆滞，又大又沉重的身躯上鼓着个大肚子。

教皇伸开双手一边向人们表示祝福，一边朝着教堂的方向行进。所有在场的人都沿路跪下了。

轿子前进的速度很慢，因为要穿过拥挤的人群到教堂去，很不容易。教堂的台阶、圆柱和大门全都用鲜花装饰起来。从神殿里传出了优质大风琴沉着厚重的响声和和谐的歌声。

朝圣开始了，人们恭敬地跪拜教皇。教皇祝福了几句，继续行进。他的早课，在圣保罗教堂举行；中午，一大群骑士簇拥着他，还有猎犬、猎鹰，教皇要出去打猎；晚上，教皇要拜访力量雄厚的银行家。

达·芬奇在人群中穿行，他在观察。以后，这些情景将在他的作品中重现。这一切使达·芬奇很感兴趣。

上午的祝福仪式结束之后，他继续在罗马街头逗留着，兴致勃勃地观察过往的行人。

达·芬奇在当天晚上见到了忙碌的红衣主教朱利亚诺·美第奇，他微笑着欢迎达·芬奇等人的到来：

"欢迎欢迎，教皇陛下会喜欢你的，达·芬奇，因为每一个美第奇家族的人都酷爱艺术。"

接着，朱利亚诺把达·芬奇介绍给了自己的兄弟、罗马教皇朱利安诺·列奥十世。

教皇以一种完全的知人善遇之情接见了达·芬奇。像对待所有尊贵的客人一样，他准许达·芬奇吻了自己鞋上的红宝石十字架，然后扶他起来，吻了他。

教皇说:"教廷欢迎您的到来,尊敬的大师。"他又说,"您是伟大的学者,又是伟大的艺术家,梵蒂冈和整个罗马会很快感受到您的益处。"

教皇向达·芬奇介绍:"我们这里集中了意大利最优秀的艺术家。米开朗基罗目前在克拉拉山中采集大理石,来建造佛罗伦萨圣洛伦佐教堂新的门面,我们这儿还有最令人尊敬的拉斐尔。

"您现在也到了这里,那么就请您为上帝的光荣、为意大利的光荣、也为您自己的名誉而工作吧!我们很快会来请您的。现在,请接受我良好的祝福吧!"

达·芬奇再次跪拜表示感谢,并接受了教皇的抚慰之后,总算是"自由"了。

就这样,达·芬奇在梵蒂冈安下家来,全力投入到科学与艺术的创作中。

悲伤的罗马之行

利奥十世时代，被人们称为科学和艺术的"黄金时代"。但这说法并不准确，利奥十世最喜欢的还是寻求古迹。在拉斐尔的指挥下，人们挖掘出大规模的古罗马地下墓室，还发现了远古时代的科技。利奥十世满意极了，他大力支持这种事业。

然而，对于艺术，罗马则是一个危险的地方。在罗马，艺术家们聚而为群，互相轻视。米开朗基罗被布拉曼敌视，而他又尖刻地、满怀敌意地轻视达·芬奇。这一切使达·芬奇十分痛心。

尽管达·芬奇专注科学研究，深居简出，但是，依然有同行不停地攻击他。米开朗基罗就是其中一个，他经常说："那个狡黠的、心灵丑陋的达·芬奇又想到这儿来取悦教皇了。"

达·芬奇过去和法国人的友谊，也给他树立了许多敌人，加之达·芬奇年事已高，精力不济，于是他便成了受歧视的对象，被冠以"佛罗伦萨族"的鄙视性诨号。

这一切，让达·芬奇对罗马很失望，但是，他仍旧装作不在乎的样子，专心做着各种研究。

此刻，达·芬奇正在全力研制一种永久性的颜料。大师日夜不停地进行新的光泽颜料试验。他的学生们也全部参与这项伟大的工作。他们被油气、烟尘、有害的蒸气闷得喘不过气来。

除此之外，达·芬奇又研究解剖学，赞美人体的完美。他还研究植物学，赞叹花儿的色彩。他把大自然称作"老师"，认为需要永远地向它学习。

与此同时，达·芬奇关于大型作品《永恒的城》的构思正在成熟。这是教皇安排给他的工作。"既然教皇这么鼓励艺术，我应该尽职工作。"达·芬奇心想。他准备等永久性颜料研制成功后就开始动笔作画了。

然而，等待达·芬奇画作的教皇却有些迫不及待了，他不断地催促达·芬奇快些动笔。

一次，教皇派杜里尼先生来催促达·芬奇。这次，艺术家真的动怒了，他以从来没有过的气愤态度对来者说："告诉教皇，我将要就此搁笔，从罗马走了！"

杜里尼先生吓得急忙祷告。他哭丧着脸，交叉着手，像孩子一样地请求画家不要叫他为难。接着，他环顾着室内那些与"不清白力量"有关的各式容器，害怕地问道："大师，您在搞啥玩意儿？"

"我要尽力从不同种类的青草里边得到一种更纯净、对色泽更少害处的透明颜料。目前的油质颜料有一种特性：干燥后会改变颜色，会坼裂。"达·芬奇从容不迫、沉静地说着，并为杜里尼讲解了好颜料的特性和制作的手艺。

听达·芬奇讲解完毕，杜里尼先生仍然耷拉着脑袋问："那么画呢？"

达·芬奇鼓起嘴巴，瞪了他一眼说："绘画急不得，我会画好的，请你不要再催我了。"

杜里尼把这话传给教皇，利奥十世十分恼火，他愤怒地叫道："达·芬奇就是这样，我们别想从他身上痛痛快快得到什么好处！"

教皇接着等待，一天，两天，三天……仍然不见达·芬奇的动静。这次，他可是真的没有耐性了。

利奥十世派人把达·芬奇叫了来，他说："先生，我等的够久了，可你什么也没给我，请恕我直言，我感觉你有些懒惰。"

达·芬奇听了教皇的话感到十分委屈，他解释说："陛下，我每天都在进行试验，而那些设计图您也见过。等颜料研制出来，我就开始画画了。"

教皇越发生气，说道："你就不能学学同样是佛罗伦萨来的米开朗基罗吗？他每天都在雕刻，饿了只吃面包渣和清水，忙的时候，几个月都不脱下衣服……"

达·芬奇一向认为雕塑和绘画不同，他觉得，雕塑是一种机械的艺术，雕塑家的工作是纯粹的手工，需要坚强的体魄。而绘画则是对光线、阴影、各种变幻莫测的线条的作用作了客观的评述。

为此，他对教皇的对比非常不屑，于是他说："陛下，您很了解我，我做完这项颜料试验后，会马上工作的。"

达·芬奇重新回到实验室，继续专注于他感兴趣的科学研究，但是，急于求成的教皇却对达·芬奇失去了耐心。

渐渐地，教皇开始有意识地疏远达·芬奇了。特立独行的个性也让达·芬奇的境况变得越来越孤立。经济来源的短缺，让他和学生们的日子变得越来越拮据了。他教的一个学生也离开老师，投奔到拉斐尔的门下。

罗马的空气，让这位伟大的人物感到了无比的压抑！紧接着，达·芬奇又遇到一件令人愤慨的倒霉事。教皇见达·芬奇迟迟不作画，便分派给他去干造钱币一类的差事。为了打造铁币，达·芬奇雇佣了两个助手，其中一个名叫格鲁克。这位先生是地道的意大利人，是达·芬奇到罗马后雇来的。

这天，格鲁克接到任务后却一去不回，跑到外面玩骨牌、喝酒，直到深夜才喝得大醉，两手空空地回来，达·芬奇又气又急。

"格鲁克，你要是不好好干活，就走人，我这里不养酒鬼！"达·芬奇说。

格鲁克喝醉后，胆子也变得大了，他不服气地反驳说："达·芬奇，你少管我，老子可不是好欺侮的。"

达·芬奇也不甘示弱，立即决定解雇格鲁克，他说："你这个浑蛋，请你马上离开这儿，否则，我叫人赶你！"

"好，我走！达·芬奇，你等着瞧，有你好看的！"格鲁克气急败坏地走了。

事实上，当教皇开始疏远达·芬奇后，缺少发明经费的大师就又开始了尸体解剖的研究。达·芬奇实验用的尸体，有的是由守城门的人早晨在僻静的角落里找到的，而有的则是他的好朋友——一家医院院长提供给他的。

达·芬奇的人体解剖实验虽然对后人贡献很大，但是在当时是不被理解的，所以大师一直都在秘密进行着这项研究。

酒鬼格鲁克被达·芬奇解雇后，一直怀恨在心，当他得知了这件事，就想趁机报复这个老头儿。他把这个秘密告诉了另一个造钱币的助手约翰。他们偷偷地跟踪、窥视，看着那个年迈的身影是怎样趁黑走到医院去的。第二天夜里，二人又叫上了教皇的一个近卫兵一起去偷看画家的秘密。当不远的地方闪过那熟悉的灯笼微弱的亮光时，格鲁克神秘地对近卫兵说道："他又来割死人了。告诉你们吧，他需要人肉，特别是小孩的心脏去做药。他是个不信上帝的人，是个地地道道的巫师。"

那个可怜的近卫兵浑身发抖，害怕地连声叫着"圣母玛利亚"。

达·芬奇开始工作了，他把死人的手脚弯曲又弄直，来观察腱和肌肉的机械运动。近卫兵从隐蔽的地方看到了一切，他忽然大叫一声，瘫倒在地。第二天早上，他惊魂未定地跑去向他的上司报告，说："不信上帝的列奥纳多·达·芬奇正在进行可怕的犯罪。他让死人的手脚动弹起来，甚至教他们跳舞……"

卫兵首领又把这件事报告教皇，教皇对达·芬奇虽然无奈，但是内心还比较敬重，没有来为难艺术家。但格鲁克却抓住这件事在罗马大肆宣扬，弄得满城风雨。人人都在议论达·芬奇的"妖术"，医院院长害怕了，禁止达·芬奇再到医院解剖尸体。

达·芬奇极为愤慨，然而祸不单行，另一项沉重打击又落到他头

上。铁匠死了,他是为捍卫他敬爱的达·芬奇的名誉死的。事情是这样的:

自从随大师到罗马以来,一系列的事情使佐罗阿斯特罗感到愤愤不平。他受不了那些诽谤大师的流言蜚语,渐渐地郁郁寡欢起来。他仇恨那些侮辱大师的人,随时准备为捍卫大师的荣誉而搏斗。

最近,他经常光顾附近的一家小酒馆,正巧,这天格鲁克也在这儿,他已经喝得醉醺醺的了。这个人带着一口酒气在小酒馆里散布达·芬奇的谣言,说达·芬奇用死人心脏熬制毒药。

佐罗阿斯特罗再也忍无可忍了,他挥起沉重的拳头,扑向格鲁克,他不能允许那个人这样诋毁他的主人。但说时迟那时快,格鲁克却拿出了刀子。铁匠倒下了,受了致命的创伤。

达·芬奇抱着铁匠的尸体泪如雨下。"铁匠,你何必这么傻呢?相对于你的生命,我的名誉又算得了什么?你陪伴我几十年,竟这样不明不白地死去,我为你做了什么?"

"罗马,你不是永恒之城,你是罪恶之城,你让恶人横行,让善良者死去,这是教徒们的神父所在的地方吗?他放牧的不是羔羊,是狼群,我要离开这里。"而他能去哪儿呢?达·芬奇感到四面楚歌,无限凄凉。

达·芬奇缺少经济来源,在罗马的生活几乎陷入绝境,愚昧无知的人们诋毁他,教皇不再信任他,而他唯一的靠山——教皇的兄弟红衣主教朱利亚诺也不愿帮助他,因为他迟迟不进行那幅《永恒之城》的创作。茫茫黑夜,路在何方?

定居法国

你如果要做一个艺术家,你要牢记:必须开拓你的胸襟,多使心如明镜,能够照见一切事物,一切色彩!

——达·芬奇

法王的盛情邀请

天无绝人之路。达·芬奇在罗马仰天长叹之时，米兰却发生了重大的变化。

留多维克十二世逝世后，佛朗泽斯克一世继位。这位新君主对米兰不再从属于法国这样一个事实感到无法接受，于是发誓要由他重新夺回位于阿尔卑斯山那边的米兰大公国。

野心勃勃的佛朗泽斯克一世通过一系列血腥的战斗，终于打败了教皇利奥十世，取得了对意大利的米兰、帕尔马、皮阿琴查的统治。

刚刚踏上米兰的土地，佛朗泽斯克一世也像他的父亲路易十二一样，先来到了圣玛利亚·德尔·格雷齐修道院。在那儿，他看到了杰作《最后的晚餐》。

佛朗泽斯克发布了一道命令："我一定要我的故乡拥有这幅画，必须想出一个办法，哪怕花再多的钱财，也要将这画弄回法国去。"

建筑师和科学家们为了解决这个问题想了无数的办法，但最终没有一个能够行得通。

"如果不可能把画搬走，那么就把画家给我找来，我要让他为我画出别的、同样天才的作品。"法王对自己的秘书说。

思考了一下，他又下达命令："马上给列奥纳多·达·芬奇先生去信，就说我们希望尽快见到他，顺便表达我们对他的祝福之情。"

此时，达·芬奇正急于脱离罗马，收到信函后，便准备上路拜会法王了。

这一次，达·芬奇只带去了麦尔兹和维拉尼斯两个学生。其他学生他要他们独立工作了。比如已表现出巨大天赋和熟练技能的学生波里特拉菲奥，达·芬奇劝他独立工作，当画家去了。

处理好了一切，达·芬奇在信函中约定和法王在巴维亚见面。

1516年8月，达·芬奇坐在装满行李的车上，赶向故乡佛罗伦萨。骄阳似火，尘土飞扬，老态龙钟的达·芬奇注视着车外原野的风光，注视着越来越近的故乡教堂、钟楼，还有原野上他曾经开掘的运河遗迹。

大师的眼里噙满了泪水，喉头哽咽。永别了，故乡！他在心里默默地念着。马车在佛罗伦萨停了一天之后，继续向北方驰去，它将翻越阿尔卑斯山脉，驰向异国他乡。

画家刚到巴维亚，市政权的代表便找到他，请他赶快想点什么出来，以安排举行庆祝法国国王到来的狂欢。

佛朗泽斯克一世终于到了巴维亚。达·芬奇第一次看见佛朗泽斯克，便对他产生了良好的印象。

"果然有王者之风。"达·芬奇心里暗暗赞道，"气宇轩昂，声音洪亮，举止庄重，性格开朗。"达·芬奇也给法王留下了很好的印象。

达·芬奇抓住第一次看到佛朗泽斯克的机会，在自己的速写本里画了一个狮子般的头部速写。这幅速写后来成为在庄严的庆典上，出现在人民面前的，象征新统治者形象的画幅，用于法王的庆典。

法王刚刚走到广场，在人们的欢呼声中，一只会动的狮子向他走来。狮子慢慢地移动，到法王面前时，它打开自己的胸膛，一束白色的百合花落在法王脚上，花中有法王家族的族徽。

法王满意地笑了，达·芬奇没有令他失望，这是他来到意大利最大的收获。

达·芬奇很受法王尊敬。法王邀请他一起去博罗尼亚。在那儿，法王将等着接受利奥十世的投降，以及进行和平谈判。

达·芬奇和法国国王一道去了博罗尼亚，在那儿，法王和利奥十世准备就和平问题进行谈判。与国王相比，罗马教皇显得更加虚弱和颓靡。

何况他现在已不再是叱咤风云、可以随意纵容犯罪的统治者了。他对法王很谦恭，毕竟战胜者决定战败者的命运。为了讨好法王，他对达·芬奇也很热情。

佛朗泽斯克知道，达·芬奇在教皇宫中曾处于不显眼，甚至是受屈辱的地位，因此，他故意借此刺激利奥十世。

法王故意十分尊敬地对达·芬奇说："最令人敬爱的达·芬奇先生，我最天才的大师，您的到来使我感到幸福，为这，我得感谢尊敬的陛下……"

这些话里，包含了多少辛辣的讽刺啊！

教皇微笑着，讨好地、一板一眼地对佛朗泽斯克一世说道："我们的朋友、笃信上帝的国王和这位意大利所有的艺术家中最杰出的一位交往时感到愉快，让我感到万分高兴。我一直都是像对儿子一般地爱护着他啊！"

教皇那狡黠的目光似乎真的充满爱恋地投向达·芬奇，那个不久前曾被他冷落的人。

"我会牢记陛下的好处的。"达·芬奇冷漠地说。

利奥十世的脸马上涨红了，他紧紧地咬住下唇。教皇的这副窘态被法王看在眼里，心里非常得意。佛朗泽斯克一世声如洪钟般地笑起来。

达·芬奇轻蔑地直视着教皇的脸，在速写本上画下了一些粗放的线条。他要把这张可怜的，同时又是沮丧的面孔刻画下来。

佛朗泽斯克一世微笑着，两只眼睛看着画家的手。

当谈判结束后，利奥十世离开，法王微笑着说道："达·芬奇先生，让我也来见识一下基督的代理人，那位乞求者的尊容吧！"

达·芬奇默默地将速写本递过去。

这一面一面的速写，全部是教皇的头像，各式表情，好一个丑恶的、令人讨厌、同时用自己的恶行来进行引诱的形象！

在艺术家笔下，这是一个十足的伪君子。

一个残忍、疯狂的恶棍。

佛朗泽斯克认真地看着每一幅传神的速写，那是一些多么丑恶、狡猾而又虚弱的形象啊！这形象尤其体现在他那双鼠目寸光的眼睛和奴颜婢膝的微笑里。

从教皇的不同姿势中可以看得出来，这不只是达·芬奇一次观察的结果。这个头戴皇冠的人不同的内心情感，被刻画得入木三分。

法王一边翻看那个张狂而又虚弱的人物的速写，一边发出爽朗的笑声。"画得好！先生！真是风趣极了！"他愉快地说。

1566年初，达·芬奇和意大利道别，伴随佛朗泽斯克一世去了法国，到了法王的王宫阿布阿兹。抵达法国时，达·芬奇已经64岁了，并且由于长期忧劳成疾，已经生了病。法王对他很好，盛情邀请他和他的学生到阿布阿兹的宫殿生活。

阿布阿兹靠近沼泽，是个有害健康、贫瘠而又凄凉的地方。但是，在国王那豪华的宫殿里，生活还是令人愉快的。国王和王后经常住在这儿，宫中有18000匹马，国王喜好寻欢作乐，整日大摆宴席，周围跟随他的人千方百计讨他开心。

在阿布阿兹的王宫里，达·芬奇被当作贵宾，受到最热烈的欢迎。他和他的学生麦尔兹等人受到了殷勤款待，休养一阵后，达·芬奇的病好了。他去求见法王，感谢法王对他的照顾，并决定以辛勤的工作来报答法王，以自己的努力赚取他的薪水。

佛朗泽斯克一世对达·芬奇也很慷慨，赐以他很高的薪水，因为他珍惜天才。

达·芬奇为皇家的展览会安排化装舞会和化装游行，按计划开凿运河以连接卢亚尔河和索恩河，同时疏浚索洛涅的沼泽，也参与一部分亚尔城堡的设计，还为宫廷设计珠宝。他的努力工作和卓越成就令他在法王面前越来越受重视。

宫内所有的人都在议论，国王是怎样地敬佩这位著名的画家，并对他给予着非同寻常的恩遇。渐渐地，宫廷内侍们开始把佛罗伦萨人身上的一切东西，包括言谈举止、穿着打扮，都看作是具有魅力的了。

在宫廷中，达·芬奇已大受欢迎。尽管达·芬奇已经年迈体衰，但他气度高贵，外表庄重，年轻的宫廷贵族们把他看作是高贵、优雅、庄重的象征。

在阿布阿兹，达·芬奇改变着时兴的东西，年轻的宫廷贵族开始不仅仅效法列奥纳多·达·芬奇的习性、举止和言谈，甚至直接效法他那旧的佛罗伦萨派头的衣着。

裁缝店里堆满了要做成玫瑰色、暗红色、有褶皱的斗篷。广告词上写着"国王画家达·芬奇先生的斗篷"。

宫廷女士们则崇拜他的舞姿、仪表，热烈地评论他是"伟大的丘比特"。男士们为了博得女士的垂青，便模仿起达·芬奇慢吞吞的步履、他的姿态、他的发式，甚至试着蓄起了他那样长长的胡须……

为此，童心未泯的老人还和他们开起了玩笑。有几次，达·芬奇故意做一些愚蠢的事，结果，拼命地被人们模仿，令麦尔兹大笑不止。

当达·芬奇来到宫里，贵族男女们都喜欢听他讲他的发明和他的奇思异想。

达·芬奇给他们讲："我可以造一双雪履，能在水上行走。"

"怎么可能呢，不会沉下去吗？"一个漂亮的小姐问。

"在水中，它可以变得膨胀。"达·芬奇回答。

大师接着说他的发明："假如一个人有一个由亚麻织成的帐篷，宽、深均有约18至22英寸，而其中的小孔又全部加以塞住，则他可以从任何高度跳下，而不会受伤。"

"那我们的军队不是可以从天而降了吗？杀敌人一个措手不及。"伯爵问。

"我觉得最好的用处是让歌舞演员们从天而降，好像天使一般。"达·芬奇说。

"达·芬奇先生，您真是太神奇了，您简直是无所不知，无所不能。"公爵小姐真诚地赞美道。

"是啊，"法王插话，"在这世上，从未有人像达·芬奇一样懂得那么多，不仅在雕刻、绘画、建筑等方面。而且，除此之外，他还是一位伟大的哲学家、科学家，他的解剖素描令我的宫廷医学家都感到惊异！"

达·芬奇被溢美之词重新包围了，在历经了磨难之后，他终于又迎来了尊敬和认可。

佛朗泽斯克一世每月支付达·芬奇100艾扣的养老金，另外将阿布阿兹附近城堡和市镇间，一栋叫克鲁鲁的漂亮房子赠给他。达·芬奇就在这里安度余年。

晚年思念家乡

阿布阿兹王宫中的生活是热闹的、丰富多彩的，但达·芬奇却感到越来越孤独。他的身体已经越来越衰弱，并且时常生病。

达·芬奇把自己关在克鲁鲁城堡的工作室里，潜心绘画自己的自画像。这幅画幅面长约33厘米，宽约21厘米，大概是达·芬奇的最后一部作品了。

画家手里握着一支红色粉笔，纯熟地在画板上飞舞着，整幅画画得既流畅又凝练，功底可见一斑。

然而，有的时候，他并不画上一笔，而是坐在一边思考，探究真实的自我，该怎样通过这幅画像表现自己的荣辱一生呢？要传达给后人怎样的感触呢？他想：这个老头儿应该是执着的，饱经风霜的；有着智慧的眼睛，倔强的嘴角，刚毅的鼻梁；还应该是思考着的，探索的，充满想象的……

画像画好之后，达·芬奇像完成一件有意义的事情似的，感到轻松。他追忆起自己的一生，唯一遗憾的，就是有生之年不能再看一眼故乡的土地了！

也许，年轻时，达·芬奇并没有怀念过故乡，但越是老了就越发思念起故乡，落叶归根的思绪时时萦绕在他脑迹，在异地安度晚年，显得有些凄凉。

老人总是喜欢缅怀过去，回忆童年。他浮想联翩，思乡之情更浓了。大师的心感到哀痛，他深深地怀念故乡，他觉得很对不起故乡。

然而，庆幸的是，达·芬奇的这幅自画像却在后来代替画家回到了意大利，也算实现了大师的遗志，现在它被保存在意大利的都灵图书馆内。

　　透过这幅素描，今天的人们可以看出这位巨匠晚年时的思想、气质以及他那深邃的、充满着智慧的目光。画家脸上披散着的长发与颔上的长须，其中每一根线条，都给人留下深刻的印象。

　　这使人们感觉到达·芬奇作为一个才智超群的老人的精神状态。他的鼻梁和嘴唇显示了一种坚强不屈的性格与意志力。从这幅画上所展示的技艺来看，画家确实具有无穷的创造力和表现力。

　　1517年的一天，达·芬奇突然右手瘫痪了。人们叫来了医生，诊断为麻痹性中风。过了几日，大师的整个右半边身体都不能行动了。虽然达·芬奇是个左撇子，但绘画需要两手仔细地工作才行，这样他就几乎不能绘画了。

　　法王不可能从达·芬奇这里得到新的作品了，因为这位伟大的画家已把自己所有的激情留在了阿尔卑斯山那边，留给了自己的故乡。

　　但是，在阿布阿兹，达·芬奇仍然是一位不可缺少的人物。国王希望他的宫殿在优雅的趣味和有教养方面成为欧洲其他国家的楷模。于是，达·芬奇担任起了营造师、画家、室内装饰师和机械师的不同角色。

　　没有达·芬奇的指点，任何庆典都不能进行，从国王儿子的洗礼到公爵爱女的婚礼，全都少不了这位佛罗伦萨人。

　　达·芬奇已不再年轻，不再健壮俊美了，岁月已在他的面颊上刻下了深深的痕迹。

　　他知道自己现在的样子，曾一度因此而失去信心，他精神上的宁静已被衰弱的痛苦所代替，他对生活的爱好也被宗教的希望所取代。

　　从前，达·芬奇认为做哲学家好于做基督徒，所以他才敢对香客们开玩笑，也可以坦然地研究他的解剖学。然而，当他的身体越来越衰弱，他开始以恭谦卑微而狂热的态度来谈论上帝。

　　那个时候，达·芬奇还时常攻击神父，称他们是伪善者，指控他们以冒牌的奇迹来欺骗人们，同时嘲笑他们以未来天国的期票那样的"假钞"来换取现在的金钱。

然而，现在，他却愿意相信上帝的存在，希望死后可以去到安宁的国土。在一个基督受难日，他写道："今天因为东方有一人逝世，故整个世界都陷入了悲伤的境地。"

达·芬奇越来越忧郁了，他显得异常孤独、寂寞。

他的学生麦尔兹后来回忆说，他的老师，这个时候，常常一个人坐在自己画室的窗前，久久地看着窗外那风景如画的平原、成行的杨树和新绿的葡萄。特别是冬天的时候，窗外呼啸的寒风和一望无际地扼杀了生命的白雪，更给画家的生活平添了几分忧戚。

麦尔兹尽量待在老师的身边，陪伴着他。这种时刻，他就像一个不会说话的影子，静静地望着老师布满沧桑纹理的面孔，从不打破老师的沉思。

从夏到冬，画家变得越来越郁郁寡欢。

维拉尼斯全身心地照顾着这个家，而新近雇来的法国女佣马久林娜则帮助他干这干那。麦尔兹则负责陪伴老师，他比别人都更能理解老师的心境。达·芬奇教会了他热爱并且懂得许多哲学家和诗人，使他明白了许多哲学道理。

已经学会独立思考的麦尔兹一次问达·芬奇："如果一个人，不必知道那些烦琐的宗教仪程，不必记得那些圣徒和圣母的纪念日，那生活得该有多么轻松和潇洒啊！世界上会有这样的地方吗？"

达·芬奇笑了，他说："我的孩子，你现在已经成了自由的思想者了。那么，我就告诉你吧，那个地方就在你自己的心里！"

师生二人的心贴得越来越近了。达·芬奇开始给他看自己的绘画笔记，对他解释自己写在日记里的那些哲学和科学思想，给他读那些寓意深刻或者预示未来的东西。

这些笔记充满了智慧的光芒，别的学生或许不懂，但麦尔兹却对它们心领神会，这是因为当他还是孩子的时候便已经把自己的一生献给达·芬奇和艺术了。

已不再作画的达·芬奇现在正抓紧一切时间教他的学生，他希望可以把毕生的技艺传授给这些年轻人。

有一次，他教诲麦尔兹说："我的孩子，如果你想做一个画家，丢弃一切的忧愁和操劳，潜心于艺术吧！让你的心灵像一面镜子一样，反映所有的物件的一切运动，而大自然的清泉又是多么各不相同！不仅仅是每一棵树，就是每一片叶子，都有特别的、独一无二的、在大自然中不可重复的形式，就像每一个人都有各自的样貌一样。"

不给学生上课的时候，达·芬奇常常一个人沉思着，抚着长须，呆呆地望着窗外，望着远方。

在一个雾蒙蒙的、冷冰冰的日子里，坐在窗前的画家好像忽然想起了什么，他叫麦尔兹把自己保存了几十年的竖琴取出来。

麦尔兹把竖琴递给老师。

达·芬奇一边抚摸着竖琴，一边对麦尔兹说："孩子，这竖琴伴随了我的一生，是我最忠实的朋友，就像你，亲爱的麦尔兹！那么，以后你就保管它吧！"

"好的！老师！"麦尔兹小心地接过竖琴，并随手为老师弹上一曲。

达·芬奇坐在长椅上,微笑着闭上眼睛,静静地聆听。

以后的日子里,为了使老师忘掉忧烦,麦尔兹就时常弹起这把竖琴。他的竖琴弹得很不错,老师的脸上露出了快活的微笑。

有时,麦尔兹一边弹奏竖琴,一边充满感情地歌唱着。他唱的最多的是佛罗伦萨的民谣:

青松、山毛榉、月桂树,
……

麦尔兹富有磁性的、低沉的男中音把达·芬奇的思绪带到了阿尔卑斯山的另一边。

这个身处异乡的老人开始回忆童年,他浮想联翩,乡愁更浓。他的心是那样哀痛,他深深地怀念故乡。

珍贵的哲学笔记

达·芬奇虽然不大能动弹了,但是他的思维仍然活跃,他在不断思索着人类和自然。

达·芬奇认为:"人不是玩偶,大自然应该躺在他脚下。人本身是大自然的一部分,人的生活就是同大自然作斗争,人得做很多努力,才能成为大自然的主人。"

而他自己迷信预言是观察和探讨的结论。他自己在社会之中和自然之中考察人。

一次,麦尔兹请求达·芬奇:"老师,将您做的关于哲学的笔记,给我读读好吗?"

这个好学的学生很想拜读老师的哲学笔记,达·芬奇拿出一个厚厚的本子,递给麦尔兹,麦尔兹打开笔记,看到老师独特的由右写到左的写作格式,因为达·芬奇是个左撇子。

其中有一篇深深地吸引了他,于是便认真地读了起来。

能创造发明的和在自然与人类之间做翻译的人,比起那些只会背诵旁人的书本而大肆吹嘘的人,就如同一件对着镜子的东西比起它在镜子里所生的印象,一个本身是一件实在的东西,而另一个只是空幻的。

那些人从自然那里得到的好处很少,只是碰巧具有人形,如果不是因为这一点,他们就可以列在畜生一类。

许多人认为他们有理由责备我,说我的证明和某些人的权威是对立的,而这些人之所以得到尊敬却是由于他们缺乏经验根据的判断。他们从来不考虑到我是由简单明白的经验得到我的结论的，而经验才是真正的教师。

爱好者能受到所爱好的对象的吸引，正如感官受到所感受的对象的吸引，两者结合，就变成一体，这种结合的头一胎婴儿便是作品。

如果所爱好的对象是卑鄙的，它的爱好者也就变成卑鄙的，如果结合的双方和谐一致，结果就是喜悦、愉快和心满意足。

当爱好者和所爱好的对象结合为一体时，他就在那个对象上得到安息，好比在哪里放下重担，就在哪里得到安息。这种对象是凭我们智力认识出来的。

麦尔兹津津有味地读着，越读越觉得思维明朗，他被老师形象浅显的哲学观点深深吸引住了，他接着读下去：

我们的一切知识都发源于感觉。欣赏，这就是为着一件事物本身而爱好它，不为旁的理由。瞧一瞧光，注意它的美，眨一眨眼再去看它，这时你所见到的原先并不在那里，而原先在那里的已经见不到了。

人有很强的说话的能力，但是他的大部分话是空洞的，骗人的。动物只有一点点说话的能力，但是那一点点却是有用的，真实的。宁可少一点，准确一点，也不要大量的虚伪。

对作品进行简化的人对知识和爱好都有害处，因为对一件东西的爱好是由知识产生的，知识愈准确，爱好也就愈强烈。要达到这准确，就应对所应爱好的事物全体的组成的每一个部分都有透彻的知识。

读到这儿，麦尔兹望向窗外，此时窗外的景色仍然浓郁，蓝的天，绿的树，让人心情愉快。他反复咀嚼着刚才读到的句子，"我们的一切知识都发源于感觉"，"欣赏，这就是为着一件事物本身而爱好它，不为旁的理由"。

他心想，原来生活的道理就在我们身边，它那么浅，又那么深，那么远，又那么近。

麦尔兹接着读下去，这是一篇关于绘画和诗的议论："眼睛叫作心灵的窗子，它是知解力用来最完满最大量地欣赏自然的无限的作品的主要工具。耳朵处在其次，它就眼睛所见到的东西来听一遍，它的重要性也就在此。你们历史学、诗人或是⋯⋯

"数学家如果没有用眼睛去看过事物，你们就很难描写它们。诗人啊，如果你用笔去描述一个故事，画家用画笔把它画出来，就会更能令人满意而且也不那么难懂。你如果把绘画叫作'哑巴诗'，画家也就可以把诗人的艺术叫作'瞎子画'。

"究竟哪个更倒霉，是瞎子还是聋子呢？虽然在选材上诗人也有和画家一样广阔的范围，诗人的作品却比不上绘画那样使人满意，因为诗企图以文字来再现形状、动作和景致，画家却直接用这些事物的准确形象来再造它们。

"试想一想，究竟哪一个对人是更基本的，他的名字还是他的形象呢？名字随画家而变迁，形象是除死亡之后不会变迁的。如果诗人通过耳朵来服务于知解力，画家就是通过眼睛来服务于知解力。而眼睛是更高贵的感官。

"举个例子来说明这一点：如果一个有才能的画家和一个诗人都用一场激烈的战斗做题材，试把这两位的作品向公众展出，且看谁的作品吸引最多的观众，引起最多的讨论，博得最高的赞赏，产生更大的快感。

"毫无疑问，绘画在效用和美方面都远远胜过诗，在所产生的快感方面也是如此。试把上帝的名字写在一个地方，把他的图像就放在对面，你就会看出是名字还是图像引起更高的虔敬！

"在艺术里我们可以说是上帝的孙子。如果诗所处理的是精神哲学，绘画所处理的就是自然哲学；如果诗描述心的活动，绘画就是研究身体的运动对心所产生的影响；如果诗借地狱的虚构来使人惊惧，绘画就是展示同样事物在行动中，来使人惊惧。

"假定，诗人要和画家竞赛美、恐惧、穷凶极恶或是怪物的形象；假定，他可以在他的范围之内任意改变事物的形状，结果更圆满的还不是画家吗？难道我们没有见过一些绘画酷似实人实物，以致人和兽都误以为真吗？"

翻过一页，麦尔兹又读到一些关于绘画理论的论述：

"如果你会描写各种形状的外表，画家都会使这些形状在光和影配合之下显得活灵活现，光和影把面孔的表情都渲染出来了，在这一点上你就不能用笔去达到画家用画笔所达到的效果。

"画家的心应该像一面镜子，永远把它的反映事物的色彩摄进来，前面摆着多少事物，就摄取多少形象。

"明知，除非你有运用你的艺术对自然所造成的一切形状都能描绘的那种全能，就不配做一个好画师，所以你就谨记在心，每逢到田野里去，须用心去看各种事物，细心看完这一件再去看第二件，把比较有价值的事物选择出来，把这些不同的事物捆在一起。

"绘画涉及视觉的十个方面。明与暗、实体与色彩、形状与位置，远与近、动与静。我的这本小书就是由这十个方面交织而成的，要提醒画家应该根据哪些规则，用什么方法，凭他的艺术去模仿自然，创造出装饰这个世界的一切事物。

"如果你想检查你的作品的效果是否符合事物在自然中的实际效果。你最好取一面镜子去照实物，再拿镜子里的反映和你画的比较比较，细心检查那个实物和镜子里的形象与画里的形象是否都一致。特别要研究那面镜子，应该把镜子看作向导。

"我说的是平面的镜子，在这种镜面范围之内，实物显得有许多类似绘画的地方。例如，事物在画的水面上显的是立体，在镜子里也是如此。

"一个人在画一幅画，一定要倾听任何人的意见，因为我们知道得很清楚，一个人尽管不是一个画家，他对旁人的形状还是可以有正确的看法，可以正确地判断他是否驼背或是有一个肩膀太高或太低，他的嘴或鼻是否太大，或是有没有其他的缺点……

"首先你应该致力于素描，把你原来在心里先构思的目的和意图变成可以眼见的形式，接着就素描斟酌加减，直到你自己满意为止。

"然后，把一些人作为模特儿安排停当，穿着衣服或是裸体。都按照你把他们怎样放在作品里的计划，要使比例和大小尺寸符合透视。这样办，你的作品就不会有哪一部分不是根据理性和自然效果的。"

麦尔兹又翻过一页，这是一些关于绘画技巧方面的知识，笔记上写满密密麻麻的字：

"我认为一个画家能使他所画的人物都有一副悦人的样子；这个本领并不算小，生来没有这个本领的人也可以抓住机会勤学苦练，练得这个本领。

"方法如下：经常留心从许多令人羡慕的面孔上选出姣好的部分，判断这些面孔的美，须根据公证而不是单凭你个人的私见。

"因为，你很容易自欺，只选和你自己的面孔有些类似的面孔，这种类似往往使你高兴。

"如果你丑，你就不会选美的面孔，而会选出一些丑的面孔，许多画家往往都是如此，他们所画的典型人物就像他们自己。

"所以，我劝你选些美好的面孔，把它们牢记在心。画家如果拿旁人的作品做自己的标准或典范，他画出来的画就没有什么价值。如果努力从自然事物中学习，他就会得到很好的结果。罗马时代以后的画家的情况就是如此，他们连续不断地在互相模仿，他们的艺术就迅速地衰颓下去，一代不如一代。

"接着，佛罗伦萨的乔托起来了。他是在只有山羊和其他野兽居住的寂静的山区里生长起来的，直接从自然转向艺术，开始在岩石上画他所看管的山的运动。画乡间可以见到的一切动物的形状。经过辛苦钻研，他不仅超过了当代的画师，并且超过了前几百年所有的画师。"

麦尔兹细细地研读着，感悟老师的智慧。对于一个初学画者，达·芬奇也说出自己的观点。他认为，学画的人与其向前辈画家学习技巧，不如自己到大自然中去用心观察，他本人就是这么做的。

大师论述道："乔托以后，艺术又衰颓下去，因为大家全都模仿现在的作品，艺术继续衰颓了几百年。

"一直到佛罗伦萨人托马索出来，用他的完善的艺术证明了这个事实：凡是抛开自然，这个一切大画师的最高向导，而到另外地方去找标准或典范的人们都是在白费心血。

"对于这些教学上的问题，我也要照样说，凡是只研究权威而不研究自然作品的人。在艺术上只配做自然的孙子，不配做自然的儿子，因为自然是一切可靠权威的最高向导。

"那些指责从自然学习，而不指责也是从自然学习的权威的人是极端愚昧的。我说画家第一步就应该研究四肢和四肢是如何运用的。

"完成这种知识的学习以后，他第二步就应该研究人们在所处的不同情境中的动作；第三步就是作人物构图，这种构图的研究应该根据所通情境中的自然的动作。

"他在街道上广场上或是田野里应该到处留心，当场用快速的线条代表身体各部，作出一些简略的画稿。例如，头可以用圆圈，胳膊可以用直线或曲线来代表，身躯和两腿可以以此类推。等回到家里以后，就根据这些记录，加工，作出完整的图样。

"反对我的人说，为了得到经验，为了学会怎样说就能怎样画。学习的第一阶段最好是用来临摹各家大师在纸上或墙壁上所画的作品，这样才能学会画得快，并且学到好的方法。对这种反驳可以这样回答：方法要是好，它就须根据勤勉的画师的构图很好的作品。

"然而，这种画师是不多见的，所以较稳妥的办法是直接去请教自然的作品，而不去请教那些本身也是模仿自然蓝本但比蓝本却大为逊色的作品。如果采取后一条路径，就会得到一种坏方法。"

达·芬奇论述得有条有理，可以看出，这一定是他长期绘画总结的经验。

麦尔兹一字一句地读最后一句话："谁能到泉源去汲水，谁就不会从水罐里取点水喝。"读完后，深深地叹了一口气，他被折服了。

麦尔兹激动地看着达·芬奇，想热烈地讨论些什么。这时，才发现老师坐在椅子上已经睡着了。

红衣主教来访

一天，早饭后，麦尔兹陪着行走不便的达·芬奇散步。达·芬奇需要运动来锻炼一下麻痹的躯体，他不能容忍衰老和疾病夺走他行动的自由。

没过多久，马久林娜跑过来，告诉达·芬奇他的老家来人了。

达·芬奇的眼睛一亮，顿时脸上放了光，好像被阳光照亮了一般。接着，快步往回走。望着老师兴奋的样子，麦尔兹心想，老师的那些敌人，指责他投降了法国人，忘了故乡，是多么愚蠢和浅薄啊！

来人是红衣主教路易治·阿拉贡斯基和他的随从。路易治路过法国，突然想看看这位久负盛名的艺术家。他的到来，无疑对正在思念故乡的达·芬奇来说，宛若一阵春风。

看到画家高兴的神色，红衣主教首先想到的是这个人奇特的命运。他此次正是为了这个人，才决定绕道前来克鲁鲁城堡。路易治想来了解一下，是什么命运迫使达·芬奇丢下故乡，把最后的生命乐章交给异国他邦。

达·芬奇热情地招待他。见面寒暄之后，红衣主教请求艺术家让他见识见识"最杰出的画家"的作品。达·芬奇很乐意地把客人引到自己的画室。

在画室里，大师开始掀开一块又一块绸布，露出了画幅，有《圣人约翰》，把自己的女儿玛利亚抱在膝上的《圣安娜》，还有许多各式草图和未完成的图画。达·芬奇一幅接一幅地让主教观赏。

红衣主教目不暇接，他赞美着，欣赏着。

达·芬奇把他引到第三个画架上，他把塔夫绸布撤去。

"啊！《蒙娜·丽莎》！"路易治惊叫道，立即被那微笑吸引住了，那是永恒的微笑。

不错，画架上确实是《蒙娜·丽莎》。肖像画上面的人物已在如花的年龄死去了，她的丈夫，佐贡多先生也已经逝去。

主教惊讶地问："我听说，这幅画在佐贡多夫妻去世后，被他们的后人以 4000 金币卖给法王佛朗泽斯克一世了，没想到竟在您这里……"

"法王陛下让我修复这幅画。"轻轻地说完，达·芬奇站在《蒙娜·丽莎》前，他的眼光似乎穿透了许多岁月。

画中人依然神秘地微笑着，她永远不老，而达·芬奇已到垂暮之年。

这幅画，改变了一个女人的命运。蒙娜·丽莎，她由一个庸俗的贵族妇女，重返天真无邪的少女时代。她默默地爱上了达·芬奇，但她又不敢表达，心灵承受着社会伦理的重压。她不到 30 岁的时候，竟为爱情忧郁而逝。

往事如烟，达·芬奇回忆起美好的日子。他回忆起初识蒙娜·丽莎的日子；回忆起给她作画的日子；回忆起在音乐家弹奏的乐曲中，两人自然地谈话，她开心地微笑着，她的笑容那么迷人，好像若有所思。

多少年来，就是这美丽的微笑，把艺术家那颗高傲的心征服了。多少次，他来到画室，依恋地望着这温柔的容颜。

其实，这幅画，达·芬奇早已经修复完毕，但他却迟迟没有把它归还给法王，今生，再让他与《蒙娜·丽莎》分别似乎太沉重了。

他的学生麦尔兹就曾看见，有一晚老师夜不成眠，举着灯走进画室，走到肖像前默默地注视着画中人。

是他，唤醒了一个沉睡的灵魂，唤起她去过另一种激动人心的生活，可是，这又无法实现，害得她痛苦寻觅，最终忧郁而逝。而达·

芬奇也终生未娶，也许是因为他再也找不到这样的微笑了吧！

红衣主教环顾着冷冷清清、设备简陋的画室，路易治忍不住问达·芬奇，为什么他能承受住这种孤独的生活？

达·芬奇沉吟了一会儿，说："大人，请允许我给您讲一个寓言，这寓言刚好适合于我现在的情形。

"一块被湍流冲得光溜溜的石头躺在山坡上，它的脚下有一条蜿蜒的公路。石头自言自语道：我为什么不到我的兄弟们——石头中间去呢？于是它滑到了路上。结果，它从此便生活在永恒的痛苦之中了。车轮辗它、马蹄践踏它，牲口粪和其他脏东西糊满了它，它无望地瞧着那些没有纷扰的、清静的地方。"

老人接着说："况且，我有我的学生们，我并不感到孤独。我还有属于我自己的珍贵的思想，还有这些不会讲话的朋友。"他用手指了指工作台上堆满的平面图和演草本。

达·芬奇已经长时间没有这样兴奋，这样热烈地倾诉自己的想法了。他打开珍藏多年的那些笔记本讲解起来。红衣主教惊异地看着、听着。

主教还参观了大师的实验室。达·芬奇告诉他自己曾日日夜夜待在这儿，为了做一个试验。

主教看见在一幅"飞弹"平面图下，注有达·芬奇的小字，记录着他的心得。

主教还看到：第一支温度计、测量空气温度的仪器、各种各样的聚光灯镜头、潜水帽、飞弹、第一个救生圈、第一个降落伞、第一个暗箱……

他确信，达·芬奇不仅仅是一个伟大的画家，而且是一个伟大的思想家、伟大的学者。他的知识似乎是包罗万象的。他所写的东西，都是用一种通俗、明了、准确的语言构成的。

当红衣主教起身告别达·芬奇、准备前往法王王宫时，已经很晚了。临别，他紧紧地拥抱了达·芬奇，说："多么可怕的损失！祖国失去了列奥纳多·达·芬奇这样一个人！"

红衣主教的来访搅扰了大师平静的生活，使他失去了内心的平衡。这些年来，每一次激动都会在他的身上长久地留下痕迹。后来，达·芬奇久久地回忆着红衣主教那狂喜的、充满感激的目光。

这目光来自一个天主教会的代表，是令人惊异的。这目光也给长时间不被故乡人理解的，老人那受伤的心灵以最大的抚慰。

达·芬奇变得更加衰弱了，他深深地思念着故乡，相思成灾，这种思念害苦了他。

他继续依靠在窗前，几个小时一动不动地望着外面一派生机勃勃的景象。哦，意大利的托斯卡那平原一定泛出了绿色，早年设计建造的灌溉系统大概已经开始运转了……

大师的临终遗嘱

就在路易治走后,达·芬奇的病每日愈重,甚至到了不能走动的地步,他只能坐着或躺在床上了。

他想起昔日的科学笔记:"健康老人常常死于给养供应不上,这是由于酒精越来越多地涌入了他的血管;使血管壁直到毛细血管的内壁完全阻塞引起的,由此看来,老年人怕冷,人的这层血管膜,也正如酸橙的厚皮,皮越厚,越成熟,皮越薄……"

他两眼呆呆地望着前方,慢慢地回忆起那些有作为的年代。在那些年代里,他创造了自己最优秀的作品,完成了许多了不起的设计和实验,然而这些都已成为过去,前面等着他的只有任何人也逃不脱的自然规律:衰老和死亡。

1519 年 4 月 23 日,一个阳光明媚的早晨,麦尔兹像往常一样到老师那儿去,他要询问老师夜间睡得怎么样,有没有什么吩咐。他看见画家处于一种兴奋的状态之中,看得出来是彻夜未眠。

达·芬奇坐在窗前的安乐椅上,读着

自己的笔记。他大声地读着，声音洪亮、从容不迫，像是要给自己的一生作最后的结论。

"我清楚地知道，因为我没读过多少书，一些骄傲的人便以为，他们有权利指责我，我可以这样回答他们说：'你们是一些用别人的劳动打扮自己的人；你们不想承认我有我个人的权利。'他们不知道，我从实验中吸取的东西要多得多，我把实验当作我的导师，在一切场合我都要援引它的结果。"

看到麦尔兹进来，老人亲切地点了点头，然后高兴地大声说："啊，孩子，你弹竖琴，咱们一起来唱歌。"

麦尔兹看到老师今天的兴致特别好，感到有些蹊跷，但他还是按照老师的吩咐，操起竖琴，轻轻地弹奏起来，他的美好动听的歌声在房间里响起。他注意到，老师的脸上放着光芒。

歌曲唱罢，达·芬奇要麦尔兹把他扶到床上，然后说："亲爱的麦尔兹，我预感到我的生命正在完结，到了该立遗嘱的时候了。现在，你去把公证人布罗先生请来吧！"

听到这话，麦尔兹心里顿时抽搐了一下，他的眼角流出了眼泪。"不，老师，你别这么说，你会好起来的。"学生固执地说着。

达·芬奇安详地笑了，他说："孩子，不要悲伤，每个人都要有面对这一天的时候，上帝会为我们做好安排的！"

麦尔兹按照老师的吩咐找来了公证人。当布罗先生骑着自己保养得很好的深棕色的马驰到城堡前的时候，太阳还没升起多高。哦，这就是著名的意大利画家的房子。布罗先生虔诚地沿着结实的楼梯拾级而上。

他走进房间。四周的墙壁上挂满了画家和他学生的画。画家躺在靠窗的床上，处于半睡半醒的状态。这垂死的人脸上平静的表情使公证人吃惊。

"布罗先生，你好。"达·芬奇亲切地说，"今天，请你来为我立遗嘱。"

虽然布罗先生早已习惯了完成这种悲哀的差事，但他还是感到不自在。

他来到达·芬奇的床前，老人神情庄重地口述遗嘱，公证人记下："我把我的灵魂托付给全能的上帝……托付给圣洁的玛利亚，托付给庇护者圣米哈依尔，托付给所有的保护天使和天堂里所有的主人！"

"留给弗朗切斯科·麦尔兹我目前全部的藏书、艺术和研究草图。巴蒂斯坦、维拉尼斯，给他们我米兰城外花园的一半，萨拉伊得另一半。马久林娜将得到我部分的衣服和钱。余下的衣物、养老金，让我的学生们分配。"

达·芬奇对遗嘱的各个方面都考虑得非常周到，甚至出殡时用多少蜡烛也作了细致的规定。按照他的地位，他本可以有一个豪华的葬仪，但他希望人们像对待一个普通人那样，不要花太多的钱，他甚至规定了付钱给所有受雇参加出殡的人们。

将一切交代完毕，老人有些累了，疲倦地闭上了眼睛，屋里一片寂静。公证人和麦尔兹心情都很沉重，他们悄悄地退出画家的房间，好让他能够休息一会儿。

1519年5月2日，达·芬奇病危，宫廷医生守在他病榻旁。还有他的学生们。在闪烁的烛光中，达·芬奇慢慢停止了呼吸。享年67岁。

在一片痛哭声中，达·芬奇的学生和朋友们为他安排了葬礼。许多人都为大师的离世表示深深的悲痛，马久林娜甚至发出了震天动地的号哭声。

在所有的人当中，最悲痛的当属弗朗切斯科·麦尔兹。他完成了儿童时代所作的许诺：把自己的一切献给他。没有谁像麦尔兹一样理解老师，与老师心心相印。达·芬奇把整理、保存他的思想、发明、经验和艺术创作成果的责任交给他，是再合适不过的了。

此时，麦尔兹双手捧着老师的自画像，走在送葬队伍的最前面，这正是达·芬奇初来法国时的画像。

画中的老人，波浪起伏的长发，修长而漂亮的胡须，高高的开阔的前额覆盖着深深的皱纹，浓浓的双眉垂在眼睛上面，双眼闪着智慧的光芒，双唇闭着，带着略带忧伤的微笑。

达·芬奇去世的时候，法王正好在别的地方。当法王听到这一消息时，他双手遮住了脸，紧闭上眼睛哀悼。他知道，从此，法国失去了一位伟大的艺术家、思想家，而这是他一生中认识的最优秀的一位。

葬礼后，麦尔兹决定回故乡去，完成老师的遗愿。他开始整理大师所有的文献。数量巨大的素描就像一座宝库。麦尔兹要带着这些作品和文字，在家乡瓦普利奥奇美的花园里建立艺术工作室。

临行前，他又一次来到老师的墓前，向老师告别。"老师，愿万能的上帝让您的灵魂安息吧！"

对于麦尔兹来说，失去了恩师的痛苦今生是不会消减了。这位忠心耿耿的学生把自己的心情写在一封给自家兄弟的信里："当我此身还在时，我将永远感到悲痛。整个人类也将因你的逝世而悲痛，因为造物主不能再创造出一个这样的人来。"

达·芬奇曾写道："一日操劳，睡得安逸；一生尽责，死亦无憾！"

这，大概便是他一生辛勤执着于科学和艺术研究的写照吧！

众所周知，达·芬奇不是那个时代唯一最伟大的解剖学家、科学家、工程师、画家、雕刻家、思想家。

因为，在他去米兰之前，那里的最著名的工程设施已完成；无论拉斐尔或提香的流传下来的好画，也比达·芬奇的更令人感到印象深刻；米开朗基罗是伟大的雕刻家；而马基雅维利和圭恰迪尼是思想上极为深奥的人物。

但是，他却是唯一统一了这些知识的人，并且在每一知识领域里，他都可以与最杰出者一争短长。他的全能，是任何一个大师都无法取代的。

达·芬奇也并非是文艺复兴之人，因为他太温和、太内向、太文雅，而不能刻画出一个在语言和行动上均极为猛烈而强有力的时代。

他也不是一个十足完美的人，因为他不具有政治家及行政人员的性格。但是，他却可以说是文艺复兴时期或者整个历史上最充实的人。他是未来的预言者，他的创作给后人指明了艺术和思想的道路。

当我们注意到他的时候，我们会惊叹，原来人类在这么早的时代便已有所创造，也因此，肯定了对人类无限潜能的遐想。

附 录

微小的知识使人骄傲,丰富的知识使人谦虚。所以空心的禾穗高傲地仰头向天,而充实的禾穗则低头向着大地,向着它的母亲。

—— 达·芬奇

经典故事

画蛋

一次，老师维洛基奥布置达·芬奇画蛋。

不一会儿，达·芬奇喊道："老师，画好了。"他扬扬得意地拿起画板给老师看。画面上是一只形态很美的鸡蛋。

维洛基奥拿着画板左看右看，却不发一言。看了一会儿，老师冷漠地说："重画！"

达·芬奇懊丧地走回自己的画架。这一次，他更认真地画起来。

第二天，老师布置的作业依然是画蛋。第三天，第四天……连续几天，维洛基奥都是让达·芬奇画蛋。

达·芬奇感到迷惑不解："为什么老师总是要我画鸡蛋呢？画蛋能画成名画家吗？"

下课时，达·芬奇找到维洛基奥，说出了心中的疑问："老师，为什么这几天，您总是让我画蛋呢？"

维洛基奥神秘地笑了笑，把一只鸡蛋放在桌上，说："别小瞧画蛋，画蛋是练基本功，基本功要练到画笔得心应手、随心所欲，才算功夫到家。"

他边说边挪动鸡蛋："你瞧，鸡蛋摆放不同，投来的光线就不同，阴影在变化，你眼中的鸡蛋也变化了；而你从那边看，鸡蛋就好像扁一些，从这边看，又好像圆一些，不同角度看鸡蛋又不同；而不同的鸡蛋大小、形状和颜色又有着差别，这些不同你都能画出来吗？"

达·芬奇恍然大悟：原来如此！心底暗暗佩服老师的严谨，绘画时也更谦卑和专注了。

盾牌的故事

一次，达·芬奇家乡的一位村民用无花果木制作了一面盾牌，委托皮得罗先生请达·芬奇在盾牌上随便画个图案。

达·芬奇答应了。达·芬奇认为既是盾牌，就应该让敌人看过后感到望而生畏和心惊胆战。达·芬奇想起了希腊神话中的女妖梅杜萨，传说该女妖面貌凶丑，能使人丧魂落魄，僵化为石。

受这一形象的启发，因此他在创作盾牌画面时，充分利用了平日所收集的资料。那些资料包括：蜥蜴、刺猬、壁虎、蛇蝎、蚂蟥、萤火虫之类的奇形怪状的小动物。

过了不久，达·芬奇综合各个动物的特点，画成了一个骇人的妖怪头像，两眼喷火，鼻孔生烟，口吐毒焰。

盾牌的画面画完后，达·芬奇把它放在光线暗淡的地方，请父亲来观看。

皮得罗先生毫无思想准备，当他走进房间看见一个面目狰狞的怪物时，几乎吓得魂飞魄散。公证人连忙退到门口，转身就跑。

达·芬奇赶忙追回父亲，告诉他那是盾牌之画。儿子对父亲说："这面盾牌果然产生了效果，请你拿去吧！"

皮得罗先生对达·芬奇独出心裁的艺术才能倍加赞许。不过，这位公证人没有把盾牌交还给农民，而是从廉价商店里另买了一面还回去。然后，公证人又以100金币的高价将盾牌卖给了一位商人。

最后这面盾牌到了米兰公爵手里，这足见这位年轻画家的功力了。

山洞的故事

少年达·芬奇并不满足他的这些才干，他要掌握人类思想的各个领域。他眼光独到，做事干练，具有艺术的灵魂。

有一次，达·芬奇在山里迷了路，走到一个漆黑的山洞前。洞很深邃。达·芬奇站在洞口，感到十分害怕，他的脑海里幻想出各种恐怖的情景。

但是，不知道为什么，这个漆黑的山洞又把这个好奇的少年迷住了，他很想走进去看看，是否有什么怪异的东西。达·芬奇就这样站在山洞前发呆了很久，对自己的心灵进行感悟。

那天的那种奇怪的心情，后来伴随了大师的一生，影响着他的思维。

多年后，达·芬奇回忆说："我突然产生了两种情绪，即害怕和渴望：对漆黑的洞穴感到害怕，又想看看其中是否会有什么怪异的东西。"

事实上，达·芬奇一生都被这两种情绪所羁束，即对生活之不可知或无力探知的神秘感到害怕，而又想把这个神秘之不可知性加以揭露，加以研究，解释其含义，描绘其壮观。

所以说，少年时候的达·芬奇就已经清楚地知道自己未来的路了，他要做一个研究者、一个发明家，尤其是一个艺术家。

年　谱

1452年，生于佛罗伦萨附近的芬奇镇。

1469年，进入佛罗伦萨艺术家安德利亚·德尔·维洛基奥工作室学艺，从此走上艺术之路。

1472年，在老师《耶稣受洗》一画中绘画一天使，才华初现，获得加入佛罗伦萨画家公会资格。

1473年，从维洛基奥工作室出师，成为老师的助手，一直工作到1476年，这一时期作品有《亚诺风景》等。

1474年，创作出版面油画《天使报喜图》。

1475年，发表初期创作，完成版面油画《加罗法诺的圣母》。

1480年，独立开办个人画室。

1482年，迁居米兰，服务于米兰公爵路德维柯·斯福查·莫罗旗下，并创立达·芬奇学院。

1483年，受托完成《岩间圣母》。

1489年，为米兰大公的侄子米兰公爵列阿卓设计婚礼上的各种用品。

1490年，完成版画油画《女性肖像》《拉·贝尔·佛罗尼艾像》《哺乳圣母》等作品，并根据维楚维斯之理论作《人体比例图》。

1493年，潜心制作斯福查骑马铜像的各式习作与模型。

1495年至1497年，为米兰玛利亚·德尔·格拉雷修道院的膳食堂绘制湿壁画《最后的晚餐》。

1499年，进行桥梁的研究。

1499年4月，收到米兰大公路德维柯·斯福查·莫罗赠予的一座葡萄园。10月,法军入侵米兰。12月,逃离米兰。

1500年2月,在前往威尼斯的途中路过曼图亚,为伊莎贝拉·达·艾迪斯画了一幅素描画像。

1500年3月,离开威尼斯,归返佛罗伦萨。

1502年,担任教皇军指挥官凯撒·波尔金的军事工程师。

1503年至1506年,创作名画《蒙娜·丽莎》。

1506年,再度造访米兰。

1513年,再次离开米兰,并接受教皇利奥十世的邀请前往罗马。

1516年,到法国旅居,居住于阿布阿兹附近的克鲁鲁城堡绘《自画像》。

1519年5月2日,逝世于克鲁鲁城堡,享年67岁。

名　言

- 智慧是经验之女。

- 眼睛是心灵的窗户。

- 真理是时间的女儿。

- 诗歌首先应该是音乐。

- 运动是一切生命的源泉。

- 谁战斗，谁才真正活着！

- 人的智慧不用就会枯萎。

- 理论脱离实践是最大的不幸。

- 不能超过师傅的徒弟是不幸的。

- 水若停滞即失其纯洁，心不活动精气立消。

- 真理只有一个，它不在宗教中，而是在科学中。

- 敌人的判断时常比朋友的判断更适当些，更有用些。

- 勤劳一日，可得一夜安眠；勤劳一生，可得幸福长眠。

- 欣赏，这就是为着一件事物本身而爱好它，不为旁的理由。

- 愚昧将使你达不到任何成果，并在失望和忧郁之中自暴自弃。

- 对某事物的爱好产生于对该事物的理解，理解越透彻，爱得越炽热。

- 无论掌握哪一种知识，对智力都是有用的，它会把无用的东西抛开而把好的东西保留住。

- 你如果要做一个艺术家，你要牢记：必须开拓你的胸襟，务使心如明镜，能够照见一切事物，一切色彩！

- 你们不见美貌的青年穿戴过分反而折损了他们的美吗？你不见山村妇女，穿着朴实无华的衣服反比盛装的妇女要美得多吗？

- 趁年轻少壮去探求知识吧！它将弥补老年带来的亏损。智慧乃是老年的精神的养料，所以年轻时应该努力，这样年老时才不致空虚。

- 有天资的人，当他们工作得最少的时候，实际上是他们工作得最多的时候。因为他们是在构思，并把想法酝酿成熟，这些想法随后就通过他们的手表达出来。

● 人类不断地以欢乐的心情期待着每个新春、每个新夏，期待着新月和新年，总觉得他们所期待的事情姗姗来迟，他们却没想到，他们所焦急盼望着的正是自己的死亡。

● 应当耐心听取他人的意见，认真考虑指责你的人是否有理。如果他有理，你就修正自己的错误；如果他理亏，只当没听见。若他是一个你所敬重的人，那么可以通过讨论，提出他不正确的地方。

● 人美德的荣誉比他财富的荣誉不知大多少倍。古今有多少帝王公侯，可是却没有在我们记忆中留下一丝痕迹，就因为他们只想用庄园和财富留名后世。岂不见多少人在钱财上一贫如洗，但在美德上却是豪富呢？

图书在版编目(CIP)数据

达·芬奇/靳霞编著.—北京:中国社会出版社,2013.3
(2022.6重印)

(世界名人非常之路)

ISBN 978-7-5087-4346-2

Ⅰ.①达… Ⅱ.①靳… Ⅲ.①达·芬奇(1452~1519)-
生平事迹 Ⅳ.①K835.465.72

中国版本图书馆 CIP 数据核字(2013)第 036351 号

出 版 人：浦善新	策划编辑：侯 钰
责任编辑：侯 钰	封面设计：张 莉
出版发行：中国社会出版社	地 址：北京市西城区二龙路甲 33 号
邮政编码：100032	编 辑 部：(010)58124867
网 址：shcbs.mca.gov.cn	发 行 部：(010)58124866
经 销：各地新华书店	
印刷装订：北京华创印务有限公司	开 本：170mm×240mm 1/16
印 张：13	字 数：200 千字
版 次：2013 年 3 月第 1 版	印 次：2022 年 6 月第 4 次印刷
定 价：49.80 元	

中国社会出版社微信公众号

中国社会出版社天猫旗舰店